불 소 행 찬 下

부처님의 생애

佛所行讚

下

나가성타 번역

두배의 느낌 Double Sence

불소행찬 下

떠도는 구름 높은 산에 일어나 사방에서 모여 들어 허공에 차지만
갑자기 다시 흩어지듯 사람 사는 이치도 또한 그러합니다.

차 례

불소행찬 3권

계속되지 않는 즐거움 익히지 말고
괴로운 과보 받을 일 하지 말라.
좋은벗 아니면 가까이 하지 말고
나쁜 일 못 끊는 지혜 배우지 말라.

15

설법하시다

1 여래께서는 알맞게 적정하시고 如來善寂靜
비추는 광명은 빛나서 드러나시고 光明顯照曜
엄숙한 모습은 혼자서 걸어가셔도 嚴儀獨遊步
마치 대중이 따르는 듯했습니다. 猶若大衆隨

2 길에서 어떤 수행자 만나시니 道逢一梵志
그 이름 우파카 其名優波迦
온전한 비구 모습으로써 執持比丘儀
공손히 길옆에 서서 恭立於路傍
아직까지 없었던 분 기쁜 마음으로써 뵈옵고 欣遇未曾有
두 손을 모으고 여쭈었습니다. 合掌而啓問

3 '중생들은 죄다 오욕에 물들어 집착하나 群生皆染著
그러나 집착하시는 표정 전혀 없으시며 而有無著容

세상 사람들은 마음이 흔들리지만 世間心動搖
그런데 홀로 감각기관 적정하시옵니다. 似獨靜諸根

4 빛나는 용안은 보름달 같으시고 光顏如滿月
단 이슬 자신 듯 나루를 건너신 듯하옵니다. 似味甘露津
타고나신 모습은 대인의 관상이시고 容貌大人相
슬기의 힘은 자재하신 왕이시니 慧力自在王
반드시 할 일을 이미 마치신 분 所作必已辦
종주가 되는 분 중에 어떤 스승 모셨습니까?' 爲宗稟何師

5 '나에게는 스승도 없고 答言我無師
종주도 없고 나보다 나은 이도 없느니라. 無宗無所勝
스스로 매우 깊은 법을 깨달아 自悟甚深法
남이 얻지 못한 도를 나는 얻었느니라. 得人所不得

6 사람이 당연히 깨달아야 할 이치 人之所應覺
세상을 통틀어 깨달은 이 없지만 擧世無覺者
나는 지금 죄다 스스로 깨달았으니 我今悉自覺
그러므로 부처라 명명하느니라. 是故名正覺

7 번뇌는 원한을 가진 사람과 같으므로 煩惱如怨家
지혜의 칼을 휘둘러 항복받았느니라. 伏以智慧劍
그러므로 세상에서 칭찬하기를 是故世所稱
'가장 훌륭하고 높은 분' 이라 부르느니라. 名之爲最勝

8 당연히 바라나시에 가서 當詣波羅奈
감로의 법북을 울리려하며 擊甘露法鼓
교만도 없거니와 명예도 생각 않고 無慢不存名
이익이나 즐거움을 구함도 아니고 亦不求利樂
다만 중생들 위해 바른 법 선양하여 唯爲宣正法
고해의 중생을 건지려 하노라. 拔濟苦衆生

9 옛날에 큰 서원을 세우고 以昔發弘誓
건지지 못한 이를 건지고자 했던 度諸未度者
그 서원의 결과 지금 이루었으니 誓果成於今
당연히 본래의 서원을 완수하리라. 當隧其本願

10 재물을 가졌다고 저 혼자만 사용하면 當財自供已
의로운 사람이라 일컫지 않고 不稱名義士
이익을 세상의 모든 중생과 함께 해야 兼利於天下

그래야 대장부라 명명하느니라. 乃名大丈夫

11 위험에 빠진 사람 건져 주지 않으면 臨危不濟溺
어떻게 용기 있는 사람이라 말하며 豈云勇健士
병든 이 보고 고쳐 주지 않으면 疾病不救療
어떻게 훌륭한 의사라 명명하며 何名爲良醫
길 잃고 헤매는 사람을 안내하지 못하면 見迷不示路
누가 훌륭한 안내자라 말하겠느냐? 孰云善導師

12 마치 어두운 곳에 등불을 켜면 如燈照幽冥
무심하나 그러나 저절로 밝은 것처럼 無心而自明
여래가 슬기 등불 켜 如來然慧燈
모든 중생 구해도 탐욕과 감정이 없느니라. 無諸求欲情

13 나무를 마찰시키면 반드시 불을 얻고 鑽燧必得火
공중에는 바람이 저절로 일고 空中風自然
땅을 파면 반드시 물이 나는 사실 穿地必得水
이것은 다 자연스런 이치이니라. 此皆理自然

14 일체 모든 부처님들 一切諸牟尼

반드시 붇다-가야에서 도 이루셨고 成道必伽耶
또한 다 같이 카시에서 亦同迦尸國
정법을 펴셨느니라.' 而轉正法輪

15 수행자 우파카는 위의 말씀을 듣고 梵志優波迦
아아! '기이하시고 특별하시다.' 라고 찬탄하면서도 嗚呼嘆奇特
마음이 먼저 한 약속을 따랐으므로 隨心先所期
길을 가다가 부처님과 헤어졌으나 從路各分乖
일찍 없던 일이라 생각했기에 計念未曾有
걸음걸음 돌아보며 멈칫멈칫했습니다. 步步顧躊躇

16 여래께서 점점 걸어 앞으로 나아가 如來漸前行
카시성에 이르셨으니 至於迦尸城
그 땅은 훌륭하고 또 장엄하기 其地勝莊嚴
마치 샤크라 천왕의 궁전 같습니다. 如天帝釋宮

17 갠지스강과 바라나시의 恒河波羅柰
두 강이 나란히 흐르는 사이 二水雙流間
수풀과 꽃과 열매는 우거지고 林木花果茂
새들은 떼 지어 군무를 펼쳤습니다. 禽獸同群遊

18 한가하고 고요하여 세속 시끄러움 없는 閑寂無喧俗
옛날 선인들이 살던 곳에 古仙人所居
여래는 광명 비추어 如來光照耀
그 밝고 고움은 배나 더했습니다. 倍增其鮮明

19 카운디냐는 같은 종족의 후손 憍陳如族子
다음은 다사발라 카샤파 次十力迦葉
셋째는 바샤파 三名婆澁波
넷째는 아슈바지트 四阿濕波誓
다섯째는 바드리카등이 五名跋陀羅
고행을 익히며 산림을 좋아했습니다. 習苦樂山林

20 멀리 여래께서 오시는 것 보고 遠見如來至
모여 앉아 서로서로 의논하기를 集坐共議言
'저 고타마는 세상의 쾌락에 물들어 舊曇染世樂
모든 고행을 던져 버리고 放捨諸苦行
지금 이 곳으로 오는구나! 今復還至此

21 부디 일어나 맞이하지도 말고 愼勿起奉迎
또한 예로써 인사하지도 말며 亦莫禮問訊

그가 필요로 하는 것 공급하지 말자 供給其所須
이미 본래 서원을 파괴했으니 已壞本誓故
응당 공양도 받지 않겠지?' 不應受供養

22 무릇 사람은 오는 손님을 보면 凡人見來賓
마땅히 선후의 차례에 따라 應修先後宜
또 그를 위해 자리를 만들어 주고 且爲設床座
그가 편리하게 사용하도록 해주어야 합니다. 任彼之所安

23 그들은 이렇게 서로 맹세한 뒤에 作此要言已
제각기 자세를 바로 하고 앉았습니다. 各各正其坐
그러나 여래께서 차츰 가까이 이르시자 如來漸欲至
약속한 말 어기는 것 미처 몰랐습니다. 不覺違要言

24 어떤 이는 간청하여 자리를 권하고 有請讓其坐
어떤 이는 가사와 바루 받으며 有爲攝衣鉢
어떤 이는 그 발을 씻겨드리고 만져드리며 有請洗摩足
어떤 이는 무엇이 필요한가를 여쭈었습니다. 有請問所須

25 이와 같이 갖가지로 스승을 위해 如是等種種

존경하고 받들어 섬겼지만 尊敬奉事師
다만 그 종족을 버리지 못해 唯不捨其族
고타마라는 이름만은 그대로 불렀습니다. 猶稱瞿曇名

26 세존께서 그들에게 말씀하셨습니다. 世尊告彼言
'나의 본래 성 일컬어 莫稱我本姓
이 아라한에게 대하여 於阿羅呵所
무례하고 교만한 말 쓰지 말라. 而生褻慢言

27 존경하고 존경하지 않는 자에 대하여 於敬不敬者
내 마음은 다 같이 평등하지만 我心悉平等
너희들은 마음으로 존경하지 않으므로 汝等心不恭
당연히 그 죄를 스스로 부르느니라. 當自招其罪

28 부처는 능숙하게 세상을 건지나니 佛能度世間
그러므로 부처라 일컫느니라. 是故稱爲佛
일체의 중생들에 대하여 於一切衆生
똑같은 마음으로 아들이라 생각하고 等心如子想
그런데 세속 이름을 부르는 것은 而稱本名字
아비 업신여기는 죄를 지음과 같으니라.' 如得慢父罪

29 부처님께서 대비심으로써 佛以大悲心
그들을 가엾이 여겨 말씀하셨지만 哀愍而告彼
그들은 어리석은 마음 그대로 彼率愚騃心
바르고 참됨 깨친 이를 믿지 않았습니다. 不信正眞覺

30 '이전부터 고행을 닦았지만 言先修苦行
그래도 아직 얻은 것 없이 猶尙無所得
지금은 몸과 입이 즐거움을 누리는데 今資身口樂
무슨 인연으로써 부처님이 될 수 있으랴?' 何因得成佛

31 위와 같은 의혹으로써 如是等疑惑
부처님이 되셔서 不信得佛道
진실한 이치를 완전히 깨쳐 究竟眞實義
일체 지혜 구족한 것 믿지 않았습니다. 一切智具足

32 여래께서는 곧 그들을 위해 如來卽爲彼
요긴한 도를 간략히 말씀하셨습니다. 略說其要道

33 '어리석은 사람은 고행을 익히고, 愚夫習苦行
즐겁게 수행하는 이는 모든 근을 기쁘게 하느니라. 樂行悅諸根

그 두 가지의 차별을 보면 見彼二差別
그것은 곧 큰 허물 斯則爲大過
그것은 바르고 참된 도 아니니 非是正眞道
해탈에 어긋나기 때문이니라. 以違解脫故

34 피곤한 몸으로 고행을 닦지만 疲身修苦行
그 마음 오히려 달리고 어지러워 其心猶馳亂
오히려 세속의 지혜도 얻지 못하거니 尙不生世智
하물며 모든 근의 유혹을 초월하겠느냐? 況能超諸根

35 물로써 등불을 켜려 해도 如以水燃燈
끝까지 불을 켤 수 없는 것처럼 終無破闇期
몸을 피곤하게 해서 지혜의 등불 켜려 해도 疲身修慧燈
어리석음 깰 불은 켜지 못하느니라. 不能壞愚癡

36 썩은 나무 비벼 불을 붙이려 해도 朽木而求火
쓸데없는 수고일 뿐 얻지 못하나니 徒勞而不獲
성냥으로 사람이 켜야 鑽燧人方便
비로소 불을 얻어 쓸 수 있느니라. 卽得火爲用
도를 구함에 몸을 괴롭힘으로써 求道非苦身

감로법을 얻는 것 아니니라. 而得甘露法

37 욕심에 집착함은 도리 아니요 著欲爲非義
어리석고 미련하여 슬기의 밝음 막아 愚癡障慧明
오히려 경론도 깨닫지 못하는데 尙不了經論
하물며 탐욕 여의는 길을 얻겠느냐? 況得離欲道

38 마치 사람이 중한 병에 걸렸을 때 如人得重病
병에 맞는 음식을 먹지 않음 같거니 食不隨病食
그 중한 병을 모르면서 無知之重病
욕심에 집착하여 어찌 고칠 수 있겠느냐? 著欲豈能除

39 넓은 벌판에 불을 놓을 때 放火於曠野
마른 풀에 사나운 바람 더하면 乾草增猛風
그 성한 불길 누가 끌 수 있느냐? 焰盛孰能滅
탐욕과 애정의 불 또한 그러하니라. 貪愛火亦然

40 나는 이미 두 극단을 떠나 我已離二邊
마음에 중도를 가졌으니 心存於中道
온갖 괴로움 끝까지 쉬고 衆苦畢竟息

편안하고 고요하여 모든 허물 떠났느니라.	安靜離諸過
41 바른 견해는 햇빛보다 더 밝고	正見踰日光
바른 의사로 깨우쳐 보는 부처에게는	平等覺觀佛
바른 말은 사택이 되며	正語爲舍宅
바른 업의 숲에서 유희하느니라.	遊戲正業林
42 바른 생활은 후덕한 자태가 되고	正命爲豐姿
방편은 바르게 닦는 길	方便正修塗
바른 의식은 성곽이 되며	正念爲城郭
바른 선정은 침대나 방석이 되나니	正定爲床座
이 여덟 가지 길은 평탄하고 바르느니라.	八道坦平正
43 나고 죽는 괴로움 벗어나니	免脫生死苦
이 길을 좇아 나오는 사람	從此塗出者
할 일을 이미 완전히 마쳐	所作已究竟
이것과 저것에 떨어지지 않느니라.	不墮於彼此
44 이 세상 저 세상 괴로움 숫자 중에	二世苦數中
삼계는 순 괴로움 덩어리	三界純苦聚

오직 팔정도만 괴로움 소멸하느니라.　　唯此道能滅
원래 일찍부터 듣지 못한 것　　本所未曾聞
정법의 청정한 눈으로써　　正法淸淨眼
평등하게 보면 해탈하는 길이니라.　　等見解脫道

45 그러므로 오직 나만 지금 비로소　　唯我今始超
나고 늙고 병들고 죽음의 괴로움 벗어났고　　生老病死苦
사랑하는 이와 이별하는 괴로움　　愛離怨憎會
원수지고 미운 이들과 만나는 괴로움
구하는 일 이루지 못하는 괴로움과　　所求事不果
그 밖의 가지가지 괴로움　　及餘種種苦

46 탐욕을 떠난 것과 떠나지 못한 것과　　離欲未離欲
몸이 있는 것과 또 몸이 없는 것과　　有身及無身
깨끗한 공덕을 떠나는 것들　　離淨功德者
간략히 말하여 이는 다 고통이니라.　　略說斯皆苦

47 마치 왕성한 불이 꺼짐에　　猶如盛火息
비록 작은 열이라도 버리지 않듯　　雖微不捨熱
적정해도 미세한 나와　　寂靜微細我

큰 고통의 성질은 남았느니라. 大苦性猶存

48 탐욕 등의 모든 번뇌와 貪等諸煩惱
가지가지 업의 허물들 及種種業過
그것은 곧 괴로움의 원인이 되나니 是則爲苦因
버리면 곧 괴로움도 소멸되느니라. 捨離則苦滅

49 그것은 마치 저 모든 종자들 猶如諸種子
흙과 물 등이 없고 離於地水等
여러 가지 인연이 화합하지 않으면 衆緣不和合
싹이나 잎이 나지 않는 것 같으니라. 芽葉則不生

50 유의 성질은 상속함이 있으므로 有有性相續
하늘에서 나쁜 세계에 이르기까지 從天至惡趣
수레바퀴 돌 듯 쉬지 않나니 輪迴而不息
이것은 죄다 탐욕을 경유해 생기느니라. 斯由貪欲生

51 아래와 중간과 위라는 차별은 軟中上差降
가지가지 업이 원인이 되나니 種種業爲因
만일 저 탐욕 등이 멸하면 若滅於貪等

곧 서로 이어감이 없을 것이요 則無有相續
가지가지 업이 다하면 種種業盡者
차별의 괴로움은 영원히 쉬리라. 差別苦長息

52 이것이 있으면 저것이 있고 此有則彼有
이것이 멸하면 저것이 멸하나니 此滅則彼滅
나고 늙고 병들고 죽음도 없고 無生老病死
땅과 물과 불과 바람도 없으며 無地水火風
또한 처음과 중간과 끝도 없으나 亦無初中邊
또한 그것은 속이는 법 아니니라. 亦非欺誑法

53 거기는 성현이 머무는 곳으로서 賢聖之所住
다함이 없는 적멸 無盡之寂滅
이른바 저 여덟 가지 바른 길은 所說八正道
곧 방편일 뿐 다른 것 아니니라. 是方便非餘

54 그것은 세상의 사람들이 보지 못하는 것 世間所不見
모든 중생들 영원히 미혹하느니라. 彼彼長迷惑
나는 괴로움 알고 그 모임 끊고 我知苦斷集
그 소멸을 증득하고 바른길 닦았느니라. 證滅修正道

55 이 네 가지 참 진리 관찰하여 觀此四眞諦
드디어 등정각을 성취했느니라. 遂成等正覺
이른바 나는 이미 괴로움 알고 謂我已知苦
이미 유루의 인연을 끊었고 已斷有漏因

56 이미 소멸해 다 증득했고 已滅盡作證
이미 여덟 가지 바른 길 닦았으며 已修八正道
이미 이 네 가지 참 진리 알아 已知四眞諦
청정한 법눈을 이뤘느니라. 淸淨法眼成

57 이 네 가지 참 진리에 대하여 於此四眞諦
아직 평등한 눈 생기지 않았으면 未生平等眼
해탈을 얻었다고 말할 수 없고 不名得解脫
할 일을 다 했다고 말할 수 없느니라. 不言作已作

58 또한 일체의 진실한 亦不言一切
지각을 이루었다 말할 수 없느니라. 眞實知覺成
이미 참된 진리 알았기 때문에 已知眞諦故
해탈을 얻은 줄 스스로 알고 自知得解脫

59 할 일을 다 한 줄 스스로 알아　自知作已作
등정각인 줄 스스로 아느니라.'　自知等正覺
이렇게 진실을 설명하실 때　說是眞實時
저 카운디냐와　憍陳族姓子

60 팔만의 모든 하늘 무리들　八萬諸天衆
진실한 뜻을 끝까지 알아　究竟眞實義
모든 티끌과 때 멀리 여의어　遠離諸塵垢
청정한 법눈이 이루어졌습니다.　淸淨法眼成

61 천인사께서 그 카운디냐가　天人師知彼
할 일을 이미 마친 줄 알고　所作事已作
기뻐하며 사자처럼 외치셨습니다.　歡喜獅子吼
'카운디나야, 아느냐? 모르느냐?' 고　問憍陳知未

62 카운디냐는 곧 부처님께 여쭈었습니다.　憍陳卽白佛
'이미 스승님의 법을 알았나이다.'　已知大師法
그가 이미 법을 알았다 하여　已彼知法故
아즈냐터-카운디냐라 명명했습니다.　名阿若憍陳

63 그는 부처님의 모든 제자 중에서　於佛弟子中
가장 먼저 첫째로 깨달았고,　最先第一悟
그의 바른 법 알았다는 소리가　彼知正法聲
저 모든 땅 신에게 들렸습니다.　聞於諸地神

64 그들은 모두 소리 높여 외쳤습니다.　咸共擧聲唱
'장하십니다. 깊은 법을 이미 보셨네.　善哉見深法
여래는 오늘에　如來於今日
아직 펴시지 않던 법을 펴셨네.　轉未曾所轉

65 두루 모든 하늘과 사람을 위해　普爲諸天人
단 이슬 문을 활짝 여셨고　廣開甘露門
깨끗한 계로 바퀴살 삼고　淨戒爲衆輻
조복과 적정이 가지런했네.　調伏寂定齊

66 견고한 지혜로 바퀴 테 삼고　堅固智爲輞
부끄러움으로써 그 사이를 부축치고　慙愧楔其間
바른 생각으로써 바퀴통 삼으니　正念以爲轂
진실한 법바퀴를 이루었으므로　成眞實法輪
바르고 참되게 삼계 벗어나　正眞出三界

다시는 물러나거나 삿된 이교도 따르지 않네.' 不退從邪師

67 그렇게 땅 신이 소리 높여 외치자 如是地神唱
허공의 신도 그를 따라 일컫고 虛空神傳稱
모든 하늘들도 잇따라 찬탄하여 諸天轉讚嘆
저 범천에까지 들렸습니다. 乃至徹梵天

68 삼계의 모든 하늘 신들은 三界諸天神
비로소 큰 선인이란 그 말을 듣고 始聞大仙說
놀라면서 차례차례 서로 말했습니다. 展轉驚相告
'부처님께서 세상에 오셔서 普聞佛興世
널리 모든 중생들을 위해 廣爲群生類
적정한 법을 펴신답니다.' 轉寂靜法輪

69 바람은 잦아지고 안개와 구름 걷히며 風霽雲霧除
공중에는 하늘 꽃이 비처럼 내리며 空中雨天華
모든 하늘 사람들 천악을 연주하여 諸天奏天樂
일찍이 없었던 일을 기뻐했습니다. 喜歎未曾有

불소행찬 4권

오직 그대의 생각없는 보시는
보시 가운데 최상의 보시로써
얻지 못할 이익이 없느니라.

계속될 즐거움 아니면 익히지 말고
괴로운 과보 있을 일 하지 말고
좋은 벗 아니면 가까이 하지 말고
악을 끊지 못할 지혜는 배우지 말라.

16

55명 비구와 빔비사라왕의 귀의

1 그 때에 그 다섯 비구 중에	時彼五比丘
아슈바지트 등은	阿濕波誓等
그 법을 알았다는 소리를 듣고	聞彼知法聲
몹시 부끄러워 스스로 개탄하며	慨然而自愧
2 합장하고 더욱 공경하면서	合掌而加敬
높은 이의 얼굴을 우러르니	仰瞻於尊顏
여래께서는 꼭 알맞은 방편으로써	如來善方便
차례로 바른 법에 들게 하셨습니다.	次令入正法
3 앞뒤로 그 다섯 비구들	前後五比丘
도 얻어 모든 감각기관 조복하시니	得道調諸根
마치 다섯 개 별이 하늘을 빛내면서	猶五星麗天
줄서서 밝은 달을 모시듯 했습니다.	列侍於明月

4 그 때에 카시성에 살던	時彼鳩尸城
장자의 아들 야사는	長者子耶舍
밤에 잠자다 갑자기 깨어	夜睡忽覺悟
남자나 여자 권속들이	自見其眷屬
모두 알몸으로 누워 있는 것 보고	男女身裸臥
곧 싫어하는 마음 내었습니다.	卽生厭離心

5 이것은 번뇌의 근본으로	念此煩惱本
범부를 속이고 호린다고 생각하고	誑惑於愚夫
곧 옷을 입고 영락을 걸치고	嚴服佩瓔珞
집을 나와 산림을 찾아	出家詣山林
길을 따라가면서 크게 외쳤습니다.	尋路而普唱
'괴롭고 혼란스럽다. 괴롭고 혼란스러워!'	惱亂惱亂亂

6 여래께서 밤에 나와 경행하시다가	如來夜經行
'괴롭다' 고 외치는 소리를 들으시고	聞唱惱亂聲
곧 말씀하셨습니다.	卽命汝善來
'너는 때와 장소 알맞게 왔구나.	
여기에 안정할 곳이 있으니	此有安隱處
열반은 지극히 맑고 시원하며	涅槃極淸淨

적멸은 모든 괴로움을 여의느니라.' 寂滅離諸惱

7 야샤는 부처님의 가르침 듣고 耶舍聞佛教
마음이 크게 기뻐서 心中大歡喜
본래 싫어 집 떠날 마음에 편승해 乘本厭離心
거룩한 슬기 냉철하게 활짝 열렸습니다. 聖慧冷然開

8 마치 맑고 시원한 못에 들어간 듯 如入清涼池
엄숙하게 부처님 처소에 이르렀습니다. 肅然至佛所
그 몸은 아직 세속 모습 그대로나 其身猶俗容
마음은 이미 번뇌가 다했습니다. 心已得漏盡

9 오랫동안 심어 온 선근의 힘 宿殖善根力
어느 새 아라한과를 이루었으니 疾成羅漢果
해맑은 지혜 밝은 이치에 잠겨 淨智理潛明
법을 듣자 바로 잘 깨달았습니다. 聞法能卽悟

10 그것은 마치 곱고 흰 비단은 猶若鮮素繒
물감에 물들기 쉬운 것 같았습니다. 易爲染其色
그는 이미 스스로 깨달아 알고 彼已自覺知

해야 할 일은 이미 마쳤으나 所應作已作
그대로인 자기 몸 돌아보고 顧身猶莊嚴
부끄러워하는 마음 내니, 而生慙愧心
여래께서 그의 생각 아시고 如來知彼念
그를 위해 말씀하셨습니다. 而爲說偈言

11 ‘장신구로 그 몸을 꾸몄으나 嚴飾以瓔珞
마음은 모든 기관 항복 받아서 心調伏諸根
평등하게 중생을 식별하니 平等觀衆生
법을 수행하는 이는 行法不計形
겉모양은 생각하지 않느니라.

12 몸은 출가한 복장을 하고도 身被出家服
그 마음은 세상사를 잊지 못하여 其心累未忘
숲 속에 있으면서 세상 영화 탐하면 處林貪世榮
그는 곧 속인이라 말하느니라. 是則爲俗人

13 모양은 비록 세속 모습 가졌어도 形雖表俗儀
마음이 높고 수승한 경지에 머무르면 心栖高勝境
집에 있으나 숲 속과 같아 在家仝山林

곧 내 것을 떠나느니 則離於我所
결박을 푸는 것 마음에 있는데 縛解存於心
모양에 어찌 일정한 모습이 있겠느냐? 形豈有定相

14 갑옷에 겹 도포 입으면 佩鉀衣重袍
강한 적을 누를 수 있고 謂能制强敵
형상을 고쳐 물들인 옷 입으면 改形著染衣
번뇌 원수를 항복 받을 수 있느니라.' 爲伏煩惱怨

15 곧 '비구야 오라' 고 말씀하시자 卽命比丘來
그 소리에 상응하여 應聲俗容廢
세속의 용모는 온데간데없고
출가한 이의 모습을 두루 갖추어 具足出家儀
완전한 스님 모습 되었습니다. 皆成於沙門

16 일찍 세속에서 함께 놀던 벗 있어 先有俗遊朋
그들의 수는 쉰 네 명 其數五十四
좋은 친구 출가했단 소식듣고 찾아 와 尋善友出家
차례를 따라 바른 법에 들었습니다. 隨次入正法

17 그들은 과거의 선업 때문에 斯由宿善業
오묘한 결과 지금 이루었으니 妙果成於今
좋은 세제에 담가둔 빨래 淳灰浛已久
적당한 시간 뒤 빨면 깨끗해지듯 經水速鮮明

18 웃 항렬의 모든 성문 上行諸聲聞
예순 분 아라한 六十阿羅漢
모두 아라한의 법과 같이 悉如羅漢法
순리 따라 가르쳐 훈계하셨습니다. 隨順而敎誡

19 '너희들은 이제 나고 죽는 바다의 汝今已濟度
저쪽 언덕으로 이미 건너가 生死河彼岸
할 일을 벌써 마쳤으니 所作已畢竟
무슨 공양이든 받기에 넉넉하다. 堪受一切供

20 너희는 각각 여러 나라에 가서 유세하되 各應遊諸國
아직 제도하지 못한 이 제도함이 마땅하니라. 度諸未度者
중생의 괴로움은 불꽃같으니 衆生苦熾然
오랫동안 아무도 구호할 이 없었느니라. 久無救護者

21 너희들은 제각기 혼자 유세하여 汝等各獨遊
가엾이 여기고 거두어 받아 주어라. 哀愍而攝受
나도 또한 지금 나 혼자 몸으로 吾今亦獨行
저 가야산으로 가리라. 還彼伽闍山

22 거기에는 지금 큰 선인이 있고 彼有大仙人
왕족인 선인과 범지인 선인들 王仙及梵仙
그들은 모두 다 거기 있어서 悉皆在於彼
온 세상이 높이 받드는 이들이니라. 擧世之所宗

23 그 중에도 가샤파 고행 선인은 迦葉苦行仙
온 나라 사람들이 받들어 섬기고 國人悉奉事
그를 따라 배우는 이 매우 많으니 受學者甚衆
나는 이제 거기 가 그를 제도하리라.' 我今往度之

24 그 때에 그 예순 스님들 是六十比丘
분부를 받아 법을 널리 펴려고 奉敎廣宣法
제각기 과거의 인연을 따라 各從其宿緣
뜻을 따라 각 방면으로 흩어졌습니다. 隨意詣諸方

25 세존께서는 혼자 걸어　世尊獨遊步
가야산에 이르러　往詣伽闍山
비고 고요한 법림으로 들어가　入空靜法林
카사파 선인에게 가셨습니다.　詣迦葉仙人

26 거기에 불을 섬기는 굴에 있는데　彼有事火窟
거기는 악룡이 사는 곳이지만　惡龍之所居
숲은 지극히 맑고 밝아서　山林極淸曠
곳곳마다 편안하지 않은 곳 없었습니다.　處處無不安

27 세존께서는 그를 교화시키기 위해　世尊爲敎化
그에게 묵고 가기를 요청하니　告彼而請宿
카사파는 부처님께 말씀드렸습니다.　迦葉白佛言

28 '다른 데는 아무 데도 묵을 곳이 없고　無有宿止處
오직 불을 섬기는 굴이 있는데　唯有事火窟
맑고 깨끗하여 있을 만하지만　善淸淨可居
그러나 거기는 사나운 용이 있어　而有惡龍止
반드시 사람을 해칠 것이오.'　必能傷害人

29 '그저 빌려 주기만 하시오.	佛言但見與
그런 대로 하룻밤을 묵고 가겠소.'	且一宿止住
카사파는 갖가지로 만류했으나	迦葉種種難
세존께선 뜻을 거두지 않으셨습니다.	世尊請不已

30 그는 다시 부처님께 말씀드렸습니다.	迦葉復白佛
'저의 마음은 드리고 싶지 않지만	心不欲相與
나를 일러 인색하다 할 테니	謂我有悋惜
하시고 싶은 대로 하시오.'	且自隨所樂

31 부처님은 곧 불방에 들어가	佛卽入火室
단정히 앉아 바르게 생각하셨습니다.	端坐正思惟
악룡은 부처님 보고	時惡龍見佛
곧 성내어 독한 불을 내뿜어	瞋恚縱毒火
온 방안이 시뻘겋게 탔지만	擧室洞熾然
부처님 몸에는 부딪지 않았습니다.	而不觸佛身

32 집이 다 타자 불은 절로 꺼졌으나	舍盡火自滅
세존은 오히려 편안히 앉아 계셨습니다.	世尊猶安坐
마치 겁화 일어나서	猶如劫火起

범천의 궁전이 다 타더라도 梵天宮洞然
범천왕은 바른 자세로 앉아 梵王正其坐
걱정도 않고 두려워하지 않음 같았습니다. 不恐亦不畏

33 사나운 용은 빛나는 세존 얼굴 惡龍見世尊
조금도 다른 기색 없는 것 보고 光顏無異相
독은 식고 착한 마음 생겨 毒息善心生
머리를 조아려 귀의했습니다. 稽首而歸依

34 카샤파는 밤에 그 불빛을 보고 迦葉夜見火
탄식하면서 '아아, 괴상하도다. 嘆嗚呼怪哉
그렇듯 도덕을 지닌 사람으로서 如此道德人
사나운 용에게 타 죽는구나!' 而爲龍火燒

35 카샤파와 그 권속들 迦葉及眷屬
이른 아침에 모두 가서 보니 晨朝悉來看
부처님께서 이미 사나운 용 항복 받아 佛已降惡龍
바루 안에 담아 두고 계셨습니다. 置在於鉢中

36 그들은 부처님의 공덕을 알고 彼知佛功德

기특하다는 생각 내었으나	而生奇特想
그러나 오랫동안 익힌 교만한 습관으로	憍慢久習故
'내가 도는 높다.' 고 독백했습니다.	猶言我道尊
37 부처님은 적당한 때를 맞춰	佛以隨時宜
가지가지의 신통변화를 나타내어	現種種神變
그들이 마음으로 생각하는 바를 살피시고	察其心所念
변화해서 거기에 응대하셨습니다.	變化而應之
38 그들로 하여금 그 마음 부드러워	令彼心柔軟
바른 법의 그릇이 되기에 넉넉하나	堪爲正法器
스스로 그 도는 아직 얕아서	自知其道淺
세존께 미치지 못함 알게 하셨습니다.	不及於世尊
39 그들은 겸손하게 하심을 결정하고	決定謙下心
시키는 대로 따라 바른 법을 받았습니다.	隨順受正法
우루빌바-카샤파와	鬱毘羅迦葉
그 제자 오백 사람	弟子五百人
부처님께서 잘 조복함을 따라	隨師善調伏
차례차례 바른 법을 받았습니다.	次第受正法

40 카사파와 그 제자들　迦葉并徒衆
모두 바른 교화를 받은 뒤　悉受正化已
선인들은 그들의 살림살이와　仙人資生物
불을 섬기던 모든 기구들을　竝諸事火具
모두 강물에 던져 버리니　悉棄於水中
떴다가 잠겼다가 물결 따라 흘러갔습니다.　漂沒隨流遷

41 나제-가섭 가야-가섭 등　那提伽徒等
두 아우는 강 하류에 있다가　二弟居下流
그 옷과 모든 기구들　見被服諸物
물을 따라 어지러이 내려오는 것 보자　受流而亂下
형님이 큰 변을 당했다 생각하고는　謂其遭大變
근심하고 두려워 불안했습니다.　憂怖不自安

42 그들 둘의 제자 오백 인들과　二衆五百人
강물을 거슬러 와 형을 찾았다가　尋江而求兄
그 형은 이미 집을 나가고　見兄已出家
여러 제자들 또한 스님된 것 보고　諸弟子亦然

43 일찍 없는 법을 얻은 줄 알고　知得未曾法

기특한 일이라 생각했습니다. 而起奇特想
'형님이 지금 이미 불도에 항복하셨네. 兄今已伏道
우리도 또한 따름이 당연하도다.' 我等亦當隨

44 그들 형제 세 사람과 彼兄弟三人
그 제자 권속 위해 及弟子眷屬
부처님께서 설법하시되 世尊爲說法
불을 섬기는 일로 비유하셨습니다. 卽以事火譬

45 '어리석은 검은 연기 일어나고 愚癡黑烟起
어지러운 생각으로써 亂想鑽燧生
수행하려는 마음을 내었으나
탐하는 욕심과 성냄의 불은 貪欲瞋恚火
모든 중생을 불사르네. 焚燒於衆生

46 그와 같이 이 번뇌의 불도 如是煩惱火
언제나 거센기세로 쉬지 않아서 熾然不休息
나고 죽음에 두루 잠기고 彌淪於生死
고통의 불길도 또한 항상 타네. 苦火亦常然

47 두 가지 불을 볼 수 있다면	能見二種火
거기에는 아무 것도 의지할 곳 없네.	熾然無依怙
어떻게 마음 있는 사람으로서	云何有心人
싫어하여 떠날 생각 내지 않겠는가?	而不生厭離
48 싫어하여 떠나려고 탐욕을 버려	厭離諸貪欲
탐욕이 다하면 해탈을 얻나니	貪盡得解脫
만일 이미 해탈을 얻으면	若已得解脫
해탈한 앎의 견해 생기느니라.	解脫知見生
49 그리하여 나고 죽는 흐름을 식별하여	觀察生死流
모든 범행을 닦아 마치고	而擧於梵行
일체의 할 일을 이미 마치면	一切作已作
다시는 뒷세상의 몸을 받지 않느니라.'	更不受後有
50 위와 같은 그 천 명 비구들	如是千比丘
세존의 설법을 듣고	聞世尊說法
모든 번뇌는 다시는 일어나지 않고	諸漏永不起
일체 마음은 해탈했습니다.	一切心解脫

51 부처님께서는 카사파 등 佛爲迦葉等
일천 비구 위해 설법하시자 千比丘說法
할 일이 있는 이는 이미 마치고 所作者已作
깨끗한 슬기와 묘한 장엄의 淨慧妙莊嚴
모든 공덕이 있는 권속들에게 諸功德眷屬
계를 주니 모든 감각기관이 깨끗해졌습니다. 施戒淨諸根

52 대덕 선인들 길을 떠나자 大德仙從道
저 고행림은 영화를 잃었으니 苦行林失榮
마치 사람이 계의 덕을 버리고 如人捨戒德
빈 몸으로 헛되이 사는 것 같았습니다. 空身而徒生

53 세존께서는 많은 권속 거느리시고 世尊大眷屬
라자그리하로 나아가시며 進詣王舍城
일찍이 그 마가다왕과 憶念摩竭王
맺은 약속 생각하셨습니다. 先所修要誓

54 세존께서는 이미 도착하셔서 世尊旣已至
장림에 머무셨습니다. 止住於杖林
빔비사라왕은 그 소문 듣고 甁沙王聞之

수많은 권속들과 함께　巨大眷屬俱
온 나라 남녀들 거느리고　擧國士女從
세존 계신 곳을 예방했습니다.　詣王世尊所

55 멀리서 세존의 앉으신 모습 뵙자　遠見如來坐
마음을 낮추고 모든 기관단속하고　降心伏諸根
온갖 속된 모습을 떨어 버리고　除去諸俗容
수레에서 내려 걸었으니　下車而步進
그것은 마치 샤크라 천왕이　猶如天帝釋
범천왕에게 나아가는 것 같았습니다.　往詣梵天王

56 앞으로 나아가 부처님 발에 예배하고　前頂禮佛足
공손히 안부를 여쭐 때에　敬問體和安
부처님은 대답으로 위로한 뒤에　佛還慰勞畢
가리켜 한쪽에 앉게 하셨습니다.　命令一面坐

57 그 때에 왕은 가만히 생각했습니다.　時王心默念
'샤캬의 큰 위엄과 힘은　釋迦大威力
훌륭한 덕을 가진 카샤파 형제를　勝德迦葉等
지금은 모두 제자가 되게 하셨구나!'　今皆爲弟子

58 부처님께서 여러 사람의 생각을 아시고 佛知衆心念
그 카샤파에게 물으셨습니다. 而問於迦葉
'그대는 어떠한 복과 이익 보고 汝見何福利
불을 섬기는 법을 버렸느냐?' 而棄事火法

59 카샤파는 부처님 명령 받고 迦葉聞佛命
놀라 대중 앞에서 일어나 부처님 발에 驚起大衆前
두 무릎 꿇고 합장하고 胡跪而合掌
높은 소리로 부처님께 말씀드렸습니다. 高聲白佛言

60 '복을 닦으려고 불신을 섬겼으나 修福事火神
그 과보는 모두 윤회하여 果報悉輪廻
생사에서 번뇌만 더했으므로 生死煩惱增
그러므로 저는 그것을 버렸습니다. 是故我棄捨

61 꾸준히 힘써 불을 받들어 섬겨 精勤奉事火
오욕의 경계를 구하려 했으나 爲求五欲境
애욕은 더해 끝이 없었으므로 愛欲增無窮
그러므로 저는 그것을 버렸습니다. 是故我棄捨

62 불을 섬기고 주술을 공부했으나 事火修呪術
그 짓에는 해탈이 없고 태어남만 받습니다. 離解脫受生
생을 받음은 괴로움의 근본 受生爲苦本
그러므로 버리고 다시 안락 구했습니다. 故捨更求安

63 저는 본래부터 고행하고 我本爲苦行
제사지내고 큰 모임 가짐을 祠祀設大會
최고의 수행이라고 생각했지만 爲最第一勝
그러나 바른 도를 더욱 멀리함이었습니다. 而更違正道

64 그러므로 저는 지금 그것 버리고 是故今棄捨
보다 훌륭한 적멸을 구하여 更求勝寂滅
생과 노와 병과 사를 완전히 떠나 離生老病死
다함없이 청량한 곳 無盡淸凉處
저는 그 이치를 알았기 때문에 以知此義故
불 섬기는 법을 버렸습니다.' 放捨事火法

65 세존께서는 카샤파가 世尊問迦葉
스스로 알고 보았다는 말을 듣고 說自知見事
모든 세상 사람들로 하여금 欲令諸世間

깨끗한 믿음을 내게 하기 위하여	普生正信故
카샤파에게 말씀하셨습니다.	而告迦葉言
66 '훌륭한 그대 잘 왔구나!	汝大士善來
가지가지 법을 분별함으로써	分別種種法
훌륭한 도를 따랐구나!	而從於勝道
67 그대는 지금 이 대중 앞에서	今於大衆前
그대가 지닌 훌륭한 도력을 드러내 보여라.	顯汝勝功德
마치 저 큰 부자인 장자가	如旦富長者
그 보배 창고를 열어 보여	開現於寶殿
가난하여 괴로워하는 중생들이	令貧苦衆生
가난을 싫어하는 마음을 더하게 하듯'	增其厭離心
68 '알맞으신 분부를 받들겠습니다.'	善哉奉尊敬
그는 곧 대중 앞에서	卽於大衆前
몸을 여미고 선정에 들었다가	斂身入正受
구름인양 나부끼며 허공에 올라가	飄然昇虛空
69 거닐다 섰다 앉았다 누웠다	經行住坐臥

혹은 온 몸이 유리처럼 투명하되 或擧身洞然
왼쪽 오른쪽으로 물과 불을 내어도 左右出水火
타지도 않고 또한 젖지도 않았습니다. 不燒亦不濡

70 온 몸에서 구름과 비를 내어 從身出雲雨
뇌성벽력이 천지를 진동하고 雷電動天地
온 세상 모두 우러러볼 때 擧世悉瞻仰
눈이 뚫어지게 보아도 싫증이 없었습니다. 縱目觀無厭

71 여러 사람들 다 같은 말로 異口而同音
'일찍 없던 일' 이라 찬탄하니 稱歎未曾有
그런 뒤 그는 신통 거두어 然後攝神通
세존의 발에 경례하며 말했습니다. 敬禮世尊足

72 '부처님께서는 저의 위대한 스승님! 佛爲我大師
저는 높은 분의 제자가 되었습니다. 我爲尊弟子
이런 일을 행하라는 분부를 받아 奉敎聞斯行
제가 할 일은 이미 마쳤습니다.' 所作已畢竟

73 온 세상 사람들 위의 상황과 擧世普見彼

카사파가 부처님의 제자 된 것을 보고 迦葉爲弟子
결정적으로 세존께서 決定知世尊
진실한 일체지임 알았습니다. 眞實一切智

74 부처님은 거기 모인 대중들이 佛知諸會衆
법 받을 만한 좋은 그릇임을 아시고 堪爲受法器
빔비사라왕에게 말씀하셨습니다. 而告缾沙王

75 '대왕님은 지금 잘 들으십시오. 汝今善諦聽
마음과 뜻과 또 모든 감각기관 心意及諸根
이것은 모두 다 나고 없어지는 법입니다. 斯皆生滅法
나고 없어지는 허물을 분명히 알면 了知生滅過
그것은 곧 평등한 식별 덕분입니다. 是則平等觀

76 만약 그와 같이 평등하게 식별하면 如是平等觀
그것은 곧 몸을 아는 것 是則爲知身
몸이 나고 멸하는 법임을 알면 知身生滅法
취할 것도 없고 받아들일 것도 없습니다. 無取亦無受

77 몸의 모든 감각기관을 알고 깨달으면 知身諸根覺

나도 없고 또 내 것도 없으니 無我無我所
이 몸은 순수한 괴로움의 무더기 純一苦積聚
괴롭게 살다가 괴롭게 없어집니다. 苦生而苦滅

78 이미 이 몸의 모든 모습에서 已知諸身相
나도 없고 내 것도 없는 줄 알면 無我無我所
그것은 곧 제일인 是則之第一
다함이 없는 청량한 처소입니다. 無盡淸凉處

79 내가 있다고 보는 등의 번뇌는 我見等煩惱
모든 세상 사람을 꽁꽁 묶으니 繫縛諸世間
이미 내 것이 없다는 견해를 확고히 알면 旣見無我所
모든 결박은 다 풀립니다. 諸縛悉解脫

80 진실 아닌 소견에 묶였다가 不實見所縛
진실을 보면 곧 해탈합니다. 見實則解脫
세간에서 섭수하는 계율은 世間攝受戒
곧 사특하게 섭수하는 계율입니다. 則爲邪攝受

81 만일 거기에 내가 있다면 若彼有我者

그것이 항상하든지 무상하든지 或常或無常
나고 죽는 두 가지 견해 生死二邊見
그 허물은 가장 심한 허물입니다. 其過最尤甚

82 만약 모든 것을 '무상하다' 한다면 若使無常者
수행을 해도 결과가 없을 것이요. 修行則無果
또한 뒷몸도 받지 않을 것이며 亦不受後身
또한 공덕이 없이도 해탈합니다. 無功而解脫

83 만약 그것을 '유상하다' 한다면 若使有常者
죽음과 삶의 가늠대도 없고 無生死中間
그것은 응당 허공과 같아서 則應洞虛空
남도 없고 또한 소멸함도 없습니다. 無生亦無滅

84 만약 내가 있다면 若使有我者
응당 일체는 다 같아서 則應一切同
일체에도 다 내가 있을 것이니 一切皆有我
업과 과는 스스로 이뤄짐이 없습니다. 無業果自成

85 만약 나를 만드는 것이 있다면 若有我作者

괴로이 수행할 것은 없을 것이요 不應苦修行
거기에 자재하는 주인 있다면 彼有自在主
왜 반드시 조작하려 하겠습니까? 何須造作爲

86 만약 내가 곧 '유상하다' 한다면 若我則有常
변하고 달라짐 용납할 이치 없고 理不容變異
괴롭고 즐거운 모양 있음 보거니 見有苦樂相
어떻게 유상이라 말할 수 있겠습니까? 云何言有常

87 앎이 생기면 곧 해탈하여 知生則解脫
티끌과 때를 멀리 떠날 것입니다. 遠離諸塵垢
일체가 다 유상하다면 一切悉有常
구태여 해탈하려 할 것 없습니다. 何用解脫爲

88 내가 없음은 다만 말만 아니고 無我不唯言
이치가 진실로 실성이 없습니다. 理實無實性
내가 하는 일 보지 못하니 不見我作事
어떻게 '내가 한다.' 말하겠습니까? 云何說我作

89 내가 이미 하는 일 없고 我旣無所作

또한 나를 만드는 자 없으니 亦無作我者
이 두 가지 일 없기 때문에 無此二事故
진실로 나란 없습니다. 眞實無有我

90 만드는 자도 없고 아는 자도 없으며 無作者知者
주인이 없어 항상 옮겨 가며 無主而常遷
남과 죽음이 밤낮으로 흘러가니 生死日夜流
대왕님은 지금 저의 말씀 들으소서. 汝今聽我說

91 여섯 기관과 또 여섯 경계가 六根六境界
인연하여 여섯 인식이 생기고 因緣六識生
이 세 가지 일이 모여 촉이 생기면 三事會生觸
마음과 생각의 업이 그를 따라 움직입니다. 心念業隨轉

92 돋보기가 마른 풀을 만나면 陽珠遇乾草
햇빛을 인연하여 불이 따라 생기고 緣日火隨生
모든 감각기관과 모든 경계와 모든 식에서 諸根境界識
사람이 생김도 또한 그러합니다. 士夫生亦然

93 싹은 종자로 인해 생기지만 芽因種子生

종자가 곧 바로 싹은 아니고 種非卽是芽
바로 그것도 아니고 다른 것도 아닙니다. 不卽亦不異
중생이 생기는 것 또한 그러합니다.' 衆生生亦然

94 세존께서 이렇게 진실하고 평등한 世尊說眞實
위없는 묘한 이치 말씀하시자 平等第一義
빔비사라왕은 매우 기뻐해 甁沙王歡喜
때를 여의고 법눈이 생겼습니다. 離垢法眼生

95 왕의 권속과 백성들은 물론 王眷屬人民
수없는 모든 귀신들까지 百千諸鬼神
감로의 설법을 듣고 聞說甘露法
또한 따라 여러 번뇌를 여의었습니다. 亦隨離諸塵

17
세 분 큰 제자님들의 출가

1 그 때에 빔비사라왕은 爾時瓶沙王
부처님에게 머리를 조아리고 稽首請世尊
대나무 동산으로 옮기실 것을 간청하시자 遷住於竹林
가련하게 여기시고 받으셨습니다. 哀受故默然

2 왕은 이미 진실한 이치 본 뒤에 王已見眞諦
받들어 예배하고 궁성으로 돌아가고 奉拜而還宮
세존께서는 대중과 함께 世尊與大衆
대나무 동산으로 가셔서 편안히 머무셨습니다. 使居安竹園

3 모든 중생을 건지기 위해 爲度衆生故
슬기의 등불을 밝혔으니 建立慧燈明
범천왕과 제석천왕처럼 머무시고 以梵住天住
현자와 성자가 머물듯이 머무셨습니다. 賢聖住而住

4 그 때에 저 아슈바지트는　　時阿濕波誓
마음을 고루고 모든 감각기관 제어하고　　調心御諸根
때가 되어 밥을 빌려고　　時知行乞食
라자그리하로 들어가고 있었습니다.　　入於王舍城

5 용모는 세상에 뛰어나 특별하고　　容貌世挺特
위의는 안정되고 자상하여　　威儀安序庠
성안에 사는 모든 남녀들　　城中諸士女
보는 이마다 모두 기뻐했습니다.　　見者莫不歡

6 길 가던 사람은 모두 걸음 멈추고　　行者爲住步
앞선 이는 맞이하고 뒷선 이는 따라 갔습니다.　　前迎後風馳
때에 카필라라는 선인이 있어　　迦毘羅仙人
많은 제자를 널리 가르치고 있었습니다.　　廣度諸弟子

7 그 중에서 훌륭하고 많이 아는 이　　第一勝多聞
그 이름은 샤리푸트라　　其名舍利弗
그는 비구의 조용하고 수행자답게　　見比丘庠序
모든 감각기관이 안정됨을 보았습니다.　　閒雅靜諸根

8 길에서 머뭇거리며 그가 오길 기다려 躊路而待至
손을 들어 간청하고 물었습니다. 擧手請問言
'젊은 분으로서 조용한 그 태도 年少靜儀容
나는 일찍 보지 못했소. 我所未曾見

9 어떤 훌륭하고 묘한 법 얻었으며 得何勝妙法
수행을 위해 어떤 스승을 섬기시며, 爲宗事何師
스승은 어떤 말로 가르치시는지 師教何所說
말씀해서 나의 의심을 풀어주십시오.' 願告決所疑

10 비구는 그의 물음을 기뻐하면서 比丘欣彼問
환한 얼굴로써 공손히 대답했습니다. 和顏遜辭答

11 '일체지혜 두루 갖추신 一切智具足
훌륭한 감자족의 출신으로서 甘蔗勝族生
하늘 사람과 사람 중에서 가장 높은 분 天人中最尊
그 분이 곧 저의 큰 스승님이십니다. 是則我大師

12 저는 나이 아직 어리고 我年旣幼稚
또 공부한 지도 얼마 안 되니 學日又初淺

어찌 우리 큰 스승님의 豈能宣大師
깊고 묘한 이치를 펼 수 있겠습니까? 甚深微妙義
지금 저의 옅은 지혜로써 今當以淺智
스승님께서 가르치신 법의 略說師教法
대강을 말씀드리겠습니다.

13 일체 생기고 없어지는 법이 생김은 一切有法生
다 인연에서 일어납니다. 皆從因緣起
생기고 없어지는 법은 다 소멸한다 하셨으니 生滅法悉滅
'도' 라고 말함도 방편입니다.' 說道爲方便

14 이생인 사리푸트라는 그 말 二生優波提
듣자마자 그 말이 마음속에 융합하여 隨聽心內融
모든 티끌과 때를 멀리 여의고 遠離諸塵垢
청정한 법눈이 생겼습니다. 淸淨法眼生

15 '내가 이전에 닦은 내용은 先所脩決定
결정적으로 '인' 과 '인이 없음' 이 知因及無因
일체는 아무도 짓는 바 없어 一切無所作
모두 자재천이 하는 일이라고 알았는데 皆有自在天

16 그러나 한 번 인연의 법을 듣자 令聞因緣法
내가 없다는 지혜가 열려 밝았네. 無我智開明
이 세상 가르침은 모든 번뇌를 더해 增微諸煩惱
능히 끝까지 없앨 수 없으나 無能究竟除

17 오직 여래의 가르침 있어 唯有如來敎
길이 번뇌 다해 남음이 없네. 永盡而無遺
내 것을 섭수함도 아니요 非攝受我所
그리고 나를 잘 떠날 수 있네. 而能離吾我

18 밝음은 해와 등불 인해 일어나거니 明因日燈興
누가 그 광명을 없앨 수 있으랴? 孰能令無光
혹 연꽃 줄기를 끊을 때에는 如斷蓮花莖
가는 실은 오히려 이어가지만 微絲猶連綿
부처님의 가르침은 번뇌 끊기를 佛敎諸煩惱
마치 돌을 끊은 듯 남음이 없네.' 猶斷石無餘

19 그는 비구 발에 공손히 예배한 뒤 敬禮比丘足
물러나 하직하고 집으로 돌아가고 退辭而還家
비구도 밥 빌기 마친 뒤에는 比丘乞食已

대나무 절로 돌아갔습니다. 亦還歸竹園

20 샤리푸트라는 집에 돌아가 舍利弗還家
얼굴빛은 매우 환하고 밝았습니다. 貌色甚和雅
그의 좋은 벗 마우드갈야나는 善友大目連
매우 친한 사이로 앎과 재주 비등했습니다. 同體聞才均

21 그는 멀리서 샤리푸트라의 遙見舍利弗
얼굴과 태도가 기쁨으로 넘침을 보고 顔儀甚熙怡
'내가 지금 자네를 보니 告言今見汝
보통 때의 얼굴과 다름이 있네. 而有異常容

22 본래 성질은 매우 무뚝뚝한데 素性至沈隱
기뻐하는 모양을 지금에 보겠구나! 歡相今於見
그런 모양은 까닭이 없지 않겠지 必得甘露法
반드시 감로법을 얻었겠구려!' 此相非無因

23 '오늘 여래께서 하신 말씀을 듣고 答言如來告
일찍이 듣지 못한 법 진실로 얻었다네.' 實獲未曾法
마우드갈야나는 곧 간청했고, 그가 설명하자 卽請而爲說

그는 그것을 듣고 마음이 열리고 聞則心開解
모든 티끌과 때도 역시 없어져 諸塵垢亦除
이내 바른 법눈이 생겼습니다. 隨生正法眼

24 오랫동안 묘한 인과 심었었기에 久殖妙因果
마치 손바닥의 등불 보듯 했고, 如觀掌中燈
부처님에 대한 확고한 믿음 얻어 得佛不動信
둘은 함께 부처님께 나아갔습니다. 俱行詣佛所

25 그들의 제자 무리들 與徒衆弟子
이백 오십 사람과 함께 죽림에 이르니 二百五十人
부처님은 멀리서 두 현인이 옴을 보고 佛遙見二賢
모든 대중들에게 말씀하셨습니다. 而告諸衆言

26 '저기 오는 두 사람은 彼來者二人
다 내 우두머리의 제자니라. 吾上首弟子
한 사람은 그 지혜에 짝이 없고, 一智慧無雙
또 한 사람은 신족이 제일이니라.' 二神足第一

27 깊고 깨끗한 범음으로써 以深淨梵音

곧 말씀하시기를 '너희들 잘 왔구나! 卽命汝善來
여기에 청량한 법이 있으니 此有淸凉法
출가한 이가 나고 죽음을 끝내는 길이니라.' 出家究竟道

28 손에는 세 가지 지팡이 짚고 手執三掎杖
땋은 머리에 물병 가졌는데 熒髮持燥甁
부처님께서 '잘 왔구나!' 하는 소리 듣자 聞佛善來聲
곧 변하여 스님이 되어 버렸습니다. 卽變成沙門

29 두 스승과 그 제자들은 二師及弟子
모두 다 비구의 모양 갖추어 悉成比丘儀
세존의 발에 머리를 조아리고 稽首世尊足
물러나 한쪽에 앉으니 各坐於一面
부처님께서 그들을 위해 설법하시자 隨順爲說法
모두 다 아라한도 얻었습니다. 皆得羅漢道

30 그 때에 어떤 이생이 있었는데 爾時有二生
카사파족의 밝은 등불로서 迦葉族明燈
아는 것 많고 몸 모양은 원만하며 多聞身相具
많은 재물에 아내 어질었으나 財盈妻極賢

세속이 싫어 가업을 버리고 출가해	厭捨而出家
마음속으로 해탈하는 길을 찾았습니다.	志求解脫道
31 길이 다자탑으로 접어들 때에	路有多子塔
갑자기 부처님을 만났습니다.	忽遇釋迦文
빛나는 얼굴 드러나게 밝고 빛나	光儀顯明耀
마치 하늘 사당의 깃대 같았습니다.	猶若伺天幢
32 그는 엄숙하게 온 몸으로 공경하고	肅然擧身敬
머리 조아려 그 발에 예배하며	稽首頂禮足
'높으신 분이시여. 저의 큰 스승이시며	尊爲我大師
저는 높으신 분의 제잡니다	我是尊弟子
오랫동안 어둠에 쌓였사오니	久遠積癡冥
저를 위해 등불이 되어 주소서.'	願爲作燈明
33 부처님께서 그 이생이 마음으로	佛知彼二生
해탈을 좋아하고 숭상함 아시고	心樂崇解脫
청정하고 부드럽고 온화한 소리로	淸淨軟和音
'잘 왔구나.' 라고 그에게 말씀하셨습니다.	命之以善來

34 그 말씀 듣자 마음이 풀려 편안했고 聞命心融泰
몸과 정신의 피로는 확 풀리며 形神疲勞息
마음은 훌륭한 해탈경에 젖어들어 心栖勝解脫
지극히 고요하여 모든 번뇌 여의었습니다. 寂靜離諸塵

35 부처님께서 상응함을 따라 大悲隨所應
그를 위해 간략히 해설하시자 略爲其解說
모든 깊은 법을 한꺼번에 이해하고 頓解諸深法
네 가지 걸림 없는 변재를 이뤘으니 成四無礙辯

36 본래는 몸과 내가 다르다 보고 本見我身異
혹은 나는 곧 몸이라 보며 或見我卽身
나도 있고 내 것도 있다고 보았지만 有我及我所
지금은 그 소견은 아주 없어졌습니다. 斯見已永除

37 이 몸은 오직 온갖 괴로움덩이 唯見衆苦聚
괴로움을 떠나면 남음 없다 보았습니다. 離苦則無餘
계를 지키며 고행하는 일 持戒修苦行
원인이 아니면서 원인이라 보고 非因而見因
평등하게 그 괴로움의 성질을 보아 平等見苦性

영원히 다른 것 취할 마음 없습니다. 永無他取心

38 어떤 이는 있다고 보고 若有若見無
어떤 이는 없다고 보는
이 두 소견은 망설임을 내나니 二見生猶豫
평등하게 참된 진리 보아야 平等見眞諦
결정하고 다시 망설임이 없었습니다. 決定無復疑

39 재물과 색에 물들어 집착하고 染著於財色
해매고 취하면 탐욕이 생기니 迷醉貪欲生
덧없고 깨끗하지 않다는 생각과 無常不淨想
탐심과 애욕은 영원히 서로 어긋납니다. 貪愛永已乖

40 사랑하는 마음으로 평등하게 생각하면 慈心平等念
원수와 친한 이에 대해 다른 생각 없으니 怨親無異想
일체를 슬프고 가엾게 여기면 哀愍於一切
미워하고 성내는 독을 녹입니다. 則消瞋恚毒

41 색에 의지하면 모든 있음 맞서서 依色諸有對
가지가지 잡된 생각 생기나니 種種雜想生

깊이 생각해 색과 상이 무너지면 思惟壞色想
곧 색에 대한 애욕을 끊습니다. 則斷色於愛

42 비록 색이 없는 하늘에 태어나도 雖生無色天
그 목숨 반드시 다하고 命亦要之盡
네 가지 선정에 어두우면서 愚於四正受
그러면서 해탈이란 생각 내지만 而生解脫想
적멸하여 모든 생각 여의면 寂滅離諸想
무색에 대한 탐욕도 영원히 없어집니다. 無色貪永除

43 움직이고 어지러운 마음 변하고 거스름이 動亂心變逆
물결을 일으키는 광풍과 같으니 猶狂風高浪
견고한 선정에 깊이 들어가 深入堅固定
들뜨고 어지러운 마음 고이 그쳐야 합니다. 寂止掉亂心

44 어떠한 법에도 내 것은 없어 觀法無我所
나고 멸해 견고하지 않다고 식별하고 生滅不堅固
처음과 중간과 끝을 보지 않으면 不見軟中上
나라는 거만한 마음 저절로 잊습니다. 我慢心自忘

45 지혜의 등불을 찬란하게 밝히면 熾然智慧燈
모든 어리석음과 어두움은 없고 離諸癡冥闇
다해도 다함이 없는 법을 보면 見盡無盡法
무명은 모두 다해 남음이 없습니다. 無明悉無餘

46 열 가지 공덕을 깊이 생각해 思惟十功德
열 가지 번뇌 소멸시키고 十種煩惱滅
다시 살아나 할 일을 마치고 甦息作已作
깊이 감격해 세존을 우러렀습니다. 深感仰尊顔

47 삼계를 여의고 계 · 정 · 혜를 얻고 離三而得三
세 제자는 탐 · 진 · 치를 제거했습니다. 三弟子除三
마치 세 별이 죽 벌려 있어 猶三星布列
서른세 하늘의 사제와 같고 三十三司弟
줄지어 삼삼오오 시립하듯이 列侍於三五
세 분이 부처님을 모심도 그랬습니다. 三侍佛亦然

18

외로운 이 돕던 장자의 귀의

1 그 때에 어떤 큰 장자가 있어 時有大長者
'외로운 이 돕는 이' 라 했습니다. 名曰給孤獨
큰 부자로서 재물은 한량없고 巨富財無量
널리 보시하여 가난한 이 구제했습니다. 廣施諸貧乏

2 그는 멀리 북방의 코살라에서 遠從於北方
라자그리하에 왔다가 憍薩羅國來
어떤 친구 집에서 묵었는데 止一知識舍
그 주인 이름은 출라카이 主人名首羅

3 '부처님께서 이 세상에 오셔서 聞佛興於世
대숲 절에 계신다.' 단 말 듣고 近住於竹園
그 이름 받들고 그 덕을 존중하여 承名重其德
그 밤에 곧 그 동산에 갔습니다. 卽夜詣彼林

4 여래는 이미 그의 능력이 익숙해져　　如來已知彼
깨끗한 믿음이 생긴 줄 아시고　　根熟淨信生
마땅함 따라 그 사실 칭찬하며　　隨宜稱其實
그를 위하여 설법하셨습니다.　　而爲說法言

5 '장자님은 이미 바른 법을 좋아하고　　汝已樂正法
깨끗이 믿는 마음 간절하기에　　淨信心虛渴
잠자기를 포기하고　　能滅於睡眠
와서 나에게 경례할 수 있었으니　　而來敬禮我
나는 오늘 장자님을 위하여　　今日當爲汝
첫 손님에게 베푸는 예의 갖추겠습니다.　　具設初賓儀

6 장자님은 일찍부터 덕의 종자 심었고　　汝宿殖德本
그 희망 견고하고 깨끗하여　　堅固淨其望
부처란 이름 듣자 기뻐했으니　　聞佛名歡喜
바른 법의 그릇이 될 만합니다.　　堪爲正法器

7 바라는 마음 없이 은혜를 널리 시행하여　　虛懷廣行惠
가난하고 궁한 이에게 두루 베풂에　　周給於貧窮
이름과 덕은 두루 흘러 퍼졌으니　　名德普流聞

옛날에 심은 옛 인연으로써 열매 맺었습니다. 果成由宿因

8 이제는 마땅히 법 보시 행하되 今當行法施
지극한 마음으로 정성껏 베풀고 至心精誠施
때로는 고요함의 보시를 시행하고 時施寂靜施
아울러 깨끗한 계 받아 지키십시오. 兼受持淨戒

9 계는 장엄의 기구가 되고 戒爲莊嚴具
또 나쁜 갈래를 변화시켜 能轉於惡趣
사람을 하늘에 오르게 할 수 있고 令人上昇天
하늘의 다섯 즐거움으로써 갚음을 받습니다. 報以天五樂

10 모든 구함이란 큰 괴로움 되고 諸求爲大苦
애욕은 모든 허물 모으나니 愛欲集諸過
마땅히 악을 멀리 하고 當脩遠離惡
욕심을 여의고 적정한 즐거움 닦으십시오. 離欲寂靜樂

11 늙고 병들고 죽는 괴로움 知老病死苦
세상의 큰 근심인 줄 알고 世間之大患
세상을 바르게 식별함으로써 正觀察世間

나고 늙고 앓고 죽음 여의십시오. 離生老病死

12 이미 인간을 보시오. 旣見於人間
나고 늙고 병나 죽는 고통이 있지 有老病死苦
하늘에 나더라도 또한 그러하거니 生天亦復然
항상 존재함이란 없기 때문입니다. 無有常存者

13 항상함이 없음은 곧 괴로움이요 無常則是苦
괴로움에는 곧 내가 없으며 苦則無有我
덧없음과 괴로움은 내가 아니니 無常苦非我
어떻게 거기에 나와 내 것이 있겠습니까? 何有我我所

14 괴로움이 곧 괴로움인 줄 알고 知苦卽是苦
모임은 곧 모임인 줄 아시오. 集者則爲集
괴로움이 멸하면 곧 적정하고 苦滅卽寂靜
그 길은 곧 안전한 곳이오. 道卽安隱處

15 중생은 움직이는 성질을 가졌으니 群生流動性
그것이 곧 괴로움의 근본인 줄 아시오. 當知是苦本
그 끝을 싫어해 근원을 막을 뿐 厭末塞其源

있음과 없음을 원하지 마십시오.　　不願有非有

16 나고 늙고 죽음은 왕성한 불길　　生老死盛火
온 세간을 두루 태우고　　世間普熾然
남과 죽음의 흔들림을 보아도　　見生死動搖
마땅히 생각 없음 익혀야 합니다.　　當習於無想

17 선정은 맨 마지막　　三摩提究竟
거기는 감로가 있는 적정한 처소지만　　甘露寂靜處
모두가 공하여 나와 내 것이 없고　　空無我我所
이 세간은 모두 다 꼭두각시 같거니　　世間悉如幻
마땅히 이 몸을 식별해 보면　　當觀於此身
네 원소와 다섯 쌓임 덩어립니다.'　　諸大衆行聚

18 장자는 그 설법을 듣고　　長者聞說法
그 자리에서 스로타판나가 되었습니다.　　卽得於初果

19 '나고 죽음의 고해는 소멸했으나　　生死海消滅
오직 한 방울 남아 있으니　　唯有一滴餘
공한처에서 욕심을 여의기 위해　　空閒修離欲

첫 과에서 상견 단견 신견을 공부하시오. 第一有無身

20 장자님은 지금 평범한 속인과 다르니 不如今俗人
진리를 보고 참된 해탈을 하십시오. 見諦眞解脫
모든 고행은 갖가지 이견의 不離諸苦行
그물을 여의지 못합니다. 種種異見網

21 비록 스로타판나에 이르러 있어도 雖至第一有
참되고 진실한 이치 보지 못하여 不見眞實義
사특한 생각으로 하늘 복에 집착하면 邪想著天福
유에 대한 애욕과 결박은 더욱 깊어집니다.' 有愛縛轉深

22 장자는 그 설법 듣자 長者聞說法
다섯 쌓임 뚜껑이 환하게 열려 陰蓋煥然開
드디어 바른 소견을 얻게 되었고 遂得於正見
모든 그릇된 소견 영원히 없어졌으니 諸邪見永除
마치 거센 가을바람이 猶如秋厲風
먹구름을 흩는 것 같았습니다. 飄散於重雲

23 '자재천에 날 인연 생각지 않으면 不計自在因

그릇된 인연으로 나지 않소.　亦非邪因生
또한 다시 아무런 인연 없이　亦復非無因
세간에 생기는 것도 아닙니다.　而生於世間

24 만일 자재천왕이 태어나게 했다면　若自在天生
어른 아이와 먼저와 뒤 없고　無長幼先後
또한 다섯 갈래의 맴돎도 없을 것이며　亦無五道輪
생긴 것은 반드시 소멸하지 않습니다.　生者不應滅

25 또한 반드시 재환이 없으며　亦不應災患
악을 지어도 허물되지 않고　爲惡亦非過
깨끗하거나 깨끗하지 않은 업도　淨與不淨業
다 자재천을 말미암음입니다.　斯由自在天

26 만약 자재천왕이 태어나게 했다면　若自在天生
세상은 반드시 의심하지 않으리라.　世間不應疑
아들이 아비에게서 난 것 같으니　如子從父生
누가 그 아비를 모르겠습니까?　孰不識其尊

27 사람이 궁하고 괴로운 때 만나도　人遭窮苦時

하늘을 원망하지 않을 것이요	不應反怨天
모두 자재천을 높일 것이니	悉應宗自在
응당 다른 신을 받들지 않습니다.	不應奉餘神
28 자재천이 지은 것이라면	自在是作者
자재천이란 이름에 상응하지 않고	不應名自在
그는 곧 지은 이기 때문에	以其是作故
반드시 언제나 만들 것이네.	彼則應常作
언제나 지으면 스스로 피로할 것이니	常作則自勞
어떻게 자재라 부를 수 있습니까?	何名爲自在
29 만약 마음도 없이 지었다 하면	若無心而作
어린애의 한 짓과 같을 것이요.	如嬰兒所爲
만일 마음이 있어서 지었다면	若有心而作
마음이 있으면 자재가 아닙니다.	有心非自在
30 괴롭고 즐거움은 중생이 경유할 것이라면	苦樂由衆生
그것은 자재천이 지은 것 아니요.	則非自在作
자재천이 괴로움과 즐거움 내었다면	自在生苦樂
그는 사랑함과 미워함이 있을 터	彼應有愛憎

이미 사랑하고 미워함이 있으니 已有愛憎故
응당 자재천이라 일컫지 못합니다. 不應稱自在

31 만약 다시 자재천의 지음이라면 若復自在作
중생들은 잠자코 있어야 하며 衆生應默然
그의 자재한 힘에 맡겨졌으니 任彼自在力
무엇에 쓰려고 선행을 이행하겠습니까? 何用修善爲

32 바르게 다시 선악을 짓는다면 正復修善惡
업보가 있음에 부응하지 않고 不應有業報
자재천이 만약 업이 생기게 한다면 自在若業生
일체가 모두 함께하는 업입니다. 一切則共業

33 만약 이것이 함께 할 업이라면 若是共業者
모두 자재천이라 일컬을 것이네. 皆應稱自在
자재천이 만약 인이 없다면 自在若無因
일체도 또한 인이 없습니다. 一切亦應無

34 만일 나머지는 자재천을 인연한다면 若因餘自在
자재천은 응당 끝이 없습니다. 自在應無窮

그러므로 저 모든 중생은	是故諸衆生
아무도 그것을 지은 이 없습니다.	悉無有作者
35 꼭 아시오. 자재천의 뜻은	當知自在義
이 이론에서 곧 무너집니다.	於此論則壞
36 일체 이치는 서로 어그러지니	一切義相違
설명할 수 없으면 곧 허물이 있습니다.	無說則有過
만약 자성에서 생겼다 하면	若復自性生
그 허물도 또한 그렇습니다.	其過亦如是
37 저 모든 인명론자들	諸明因論者
일찍 이렇게 말하지 않았소.	未曾如是說
의지할 것도 없고 그 인이 없이도	無所依無因
능히 지어지는 것 거기 있다고.	而能有所作
38 세상 모든 것 다 인이 있어	彼彼皆有因
마치 종자를 의지하는 것 같소.	猶如依種子
그러므로 이 세상의 모든 것들은	是故知一切
자성에서 생긴 것 아닌 줄 압니다.	則非自性生

39 이 세상에 모든 지어진 것은 一切諸所作
오직 한 인으로 생긴 것 아닙니다. 非唯一因生
그러나 여기 한 자성을 말하면 而說一自性
그러므로 그것은 인이 아닙니다. 是故則非因

40 혹은 말하기를 그 자성은 若言彼自性
온갖 곳에 두루 찼다고 합니다. 周滿一切處
만일 온갖 곳에 두루 찼다면 若周滿一切
지은 이도 지어진 이도 없을 것이니 亦無能所作
이미 지은 이도 지어진 이도 없다면 旣無能所作
그것은 곧 인이 되지 않습니다. 是則非爲因

41 만약 온갖 곳에 두루 했다면 若遍一切處
그 온갖 곳에 짓는 이 있으니 一切有作者
그것은 곧 온갖 때에 있어서 是則一切時
응당 언제든지 짓는 바 있습니다. 常應有所作

42 만약 언제나 짓는 이 있다 하면 若言常作者
때를 기다려 물건이 생길 리 없으리니 無待時生物
그러므로 또한 마땅히 아시오. 是故應當知

자성이 인이 되지 않습니다. 非自性爲因

43 또한 말하기를 그 자성은 又說彼自性
일체의 지은 이를 떠났다 하지만. 離一切求那
그러면 그 일체의 지어진 것도 一切所作事
또한 반드시 지은 이를 떠났을 겁니다. 亦應離求那

44 그러나 이 모든 세간에는 一切諸世間
다 작자가 있음을 보게 되며 悉見有求那
이런 이유로써 자성은 또한 다시 是故知自性
일체에 인이 되지 않음이 없음을 아십시오. 亦復非爲因

45 만일 다시 그 자성은 若說彼自性
작자와 다르다고 말한다면 異於求那者
그것은 항상함으로써 인을 삼기 때문에 以常爲因故
그 성질은 반드시 다르지 않습니다. 其性不應異

46 중생은 작자와 다르니 衆生求那異
그러므로 자성은 그 인은 아니오. 故自性非因
자성이 만일 항상한 것이라면 自性若常者

사물은 응당 무너지지 않습니다.	事亦不應壞
47 자성으로써 그 인을 삼는다면	以自性爲因
인과의 이치는 마땅히 같습니다.	因果理應同
그러나 세간의 무너짐을 보니	世間見壞故
그러므로 따로 인이 있음을 알아야 합니다.	當知別有因
48 만약 자성이 인이라면	若彼自性因
응당 해탈을 구하지 않습니다.	不應求解脫
그것은 그 자성 있기 때문에	以有自性故
그것의 나고 멸함에 맡겨야 합니다.	應任彼生滅
49 가령 이제 해탈을 얻는다 해도	假令得解脫
자성은 도리어 결박되게 합니다.	自性還生縛
만약 자성을 보지 못함으로써	若自性不見
그 법을 보는 인이라 해도	爲見法因者
50 그것도 또한 인이 되지 않나니	此亦非爲因
인과의 이치가 다르기 때문입니다.	因果理殊故
그러나 세간에서 보는 모든 일은	世間諸見事

인과 과가 다 함께 보입니다. 因果悉俱見

51 만약 자성에 마음이 없다면 若自性無心
마음의 인은 있을 수 없네. 不應有心因
연기를 보고 불을 아는 것처럼 如見烟知火
인과 과는 동아리를 서로 구합니다. 因果類相求

52 그 인을 보지 못하고는 非彼因不見
그 일을 볼 수 없으니 而生於見事
금으로 그릇이나 옷을 짓는 것처럼 猶金造器服
언제나 금을 떠나지 못하나니 始終不離金
자성을 그 일의 인이라 한다면 自性是事因
처음과 끝이 어찌 다르겠습니까? 始終豈得殊

53 만약 시간이 짓는 이가 된다 하면 若使時作者
응당 해탈을 구하지 않을 것 不應求解脫
그 시간은 항상하기 때문에 以彼時常故
마땅히 그 시절에 맡겨야 합니다. 應任彼時節

54 이 세간은 한정이 없는 것처럼 世間無有邊

시절도 또한 그와 같으니 時節亦復然
그러므로 행을 닦는 사람도 是故修行者
방편으로 구하지 않습니다. 不應方便求

55 드리비야와 작자 陀羅驃求那
이 세상에 한 가지 다른 논리 世間一異論
비록 여러 가지 학설이 있기는 하나 雖有種種說
한 인이 아닌 줄 압니다. 當知非一因

56 만약 내가 지은 이라 말하면 若說我作者
반드시 욕심대로 만들었을 테지요. 應隨欲而生
그러나 욕심대로 되지 않거니 而今不隨欲
어떻게 내가 만들었다 말하겠습니까? 云何說我作

57 하려고 하지 않는데 그것을 얻고 不欲而更得
하려고 하였는데 도리어 되지 않아 欲者反更違
괴로움과 즐거움에 자재하지 않거니 苦樂不自在
어떻게 내가 지었다 말하겠습니까? 云何言我作

58 만약 나로 하여금 짓게 했다면 若使我作者

나쁜 갈래의 업은 없습니다. 應無惡趣業
그런데 가지가지 업의 과는 생기나니 種種業果生
그러므로 내가 만든 것이 아닌 줄 압니다. 故知非我作

59 나는 때를 따라 짓는다고 말하면 言我隨時作
때를 따라 오직 착한 일만 짓습니다. 時應唯作善
그러나 선과 악은 인연 따라 생기니 善惡隨緣生
그러므로 내가 만든 것이 아닌 줄 압니다. 故知非我作

60 만약 인이 없이 지어졌다면 若使無因作
응당 방편을 닦을 일 없고. 不應修方便
일체는 저절로 정해져 있거니 一切自然定
무엇하려 구태여 인을 만들겠습니까? 修因何所爲

61 세간에는 가지가지 업을 지어서 世間種種業
가지가지로 그 결과 거두나니 而獲種種果
그러므로 일체 세간에는 인 없이 是故知一切
지어지게 되지 않는줄 압니다. 非爲無因作

62 마음이 있고 또 마음 없음은 有心及無心

모두 인연 따라 일어나나니 悉從因緣起
그러므로 이 세간 일체의 법은 世間一切法
인이 없이 생기지는 않습니다.' 非無因生者

63 장자는 마음이 열리고 트여 長者心開解
훌륭하고 묘한 이치 밝게 통달했고 通達勝妙義
한 모양의 진실한 지혜가 생기고 一相實智生
결정된 참 이치 깨달았습니다. 決定了眞諦

64 세존의 발에 공경히 예배하고 敬禮世尊足
합장하고 부처님께 여쭈었습니다. 合掌而啓請
'슈라바스티에 오셔서 머무소서 居在舍婆提
토지는 풍족하고 또 안락하며 土地豐安樂

65 그 나라 프라세나지트 대왕은 波斯匿大王
사자원 종족의 후손으로서 獅子元族冑
복과 덕의 이름은 널리 퍼져 福德名稱流
멀리서나 가까이서나 모두 존경하나이다. 遠近所宗敬

66 제가 그곳에 절을 지으려고 하오니 欲造立精舍

가엾이 여기시고 받아 주시옵소서. 唯願哀愍受

67 부처님 마음은 평등하시므로 知佛心平等
거처의 편안함을 구하시지 않겠지만 所居不求安
저 곳의 중생들을 가엾이 여기셔서 愍彼衆生故
저의 간절한 청원 어기시지 마소서.' 不違我所請

68 부처님께서는 지금 장자가 佛知長者心
큰 보시할 마음을 일으키면서 大施發於今
물듦도 없고 집착함도 없이 無染無所著
중생의 마음을 잘 보호할 줄 아셨습니다. 善護衆生心

69 '장자님은 이미 참된 진리 보았고 汝已見眞諦
본래 마음이 보시하기 좋아하였소. 素心好行施
돈과 재물은 언제나 보배가 아니니 錢財非常寶
마땅히 형편에 상응하게 빨리 보시하시오. 宜應速施爲

70 마치 창고가 불에 탈 때 如藏庫被燒
이미 꺼낸 물건은 보배이듯이 已出者爲珍
밝은 사람은 덧없음 알아 明人知無常

재물을 내어 널리 은혜 베풉니다. 出財廣行惠

71 탐욕이 많은 이는 지키고 아껴 慳貪者守惜
다할까 두려워 쓸 데에 쓰지 않고 恐盡不受用
또한 덧없음을 두려워할 줄 모르다가 亦不畏無常
속절없이 잃고는 근심하고 후회합니다. 徒失增憂悔

72 때를 맞추고 능력 따라 베풀되 應時應器施
건장한 사내가 도적을 만나 如健夫臨敵
베풀 수도 있고 싸울 수도 있듯이 하면 能施而能戰
그는 용맹스럽고 슬기로운 불잡니다. 是則勇慧士

73 베푸는 이는 뭇 사람 사랑 받고 施者衆所愛
좋은 이름은 널리 두루 퍼지며 善稱廣流聞
선량한 이가 좋아하고 벗하므로 良善樂爲友
목숨을 마치면서도 마음 항상 즐겁습니다. 命終心常歡

74 뉘우침 없고 두려움도 없으며 無悔亦無怖
아귀 세계에 태어나지 않나니 不生餓鬼趣
이것은 곧 현세의 갚음이 되고 此則爲花報

그 과보는 상상도 말도 하기 어렵습니다. 其果難思議

75 여섯 갈래 속에서 헤매 돌 때에 輪迴六趣中
좋은 도반은 보시에 지나는 것 없으므로 良伴無過施
만약 천상이나 인간에 태어나면 若生天人中
뭇 사람이 받들고 섬깁니다. 爲衆所奉事

76 비록 축생 세계에 태어났어도 生於畜生道
보시 갚음 따라 즐거움을 받고 施報隨受樂
지혜로워 고요한 선정을 닦으면 智慧脩寂定
의지함도 없고 일정한 한도도 없나니 無依無有數
비록 감로의 길을 얻는다 해도 雖獲甘露道
오히려 보시로써 이루어집니다. 猶資施以成

77 그 은혜로운 보시로 인연하여 緣彼惠施故
여덟 가지 대인들의 생각을 이행하고 脩八大人念
생각을 따라 환희하는 마음이 隨念歡喜心
선정을 결정합니다. 決定三摩提

78 선정으로써 지혜를 더하여 三昧增智慧

나고 소멸함을 바로 식별할 수 있고 能正觀生滅
나고 소멸함을 본 뒤에는 正觀生滅已
차례대로 해탈을 얻습니다. 次第得解脫

79 재물 버려 은혜롭게 베푸는 이는 捨財惠施者
탐욕의 집착을 없애 버리고 蠲除於貪著
자비롭고 공경하는 마음으로 주며 慈悲恭敬與
미움과 성냄과 거만을 아울러 버립니다. 兼除嫉恚慢

80 은혜롭게 베푸는 결과를 밝게 보고 明見惠施果
베풂 없는 어리석음 버려지는 것 보면 無施癡見除
모든 맺힌 번뇌는 소멸하나니 諸結煩惱滅
이것은 다 은혜로운 베풂의 결괍니다. 斯由於惠施

81 그러므로 은혜로이 베푸는 것이 當知惠施者
해탈의 원인인 줄 알아야 합니다. 則爲解脫因
마치 사람이 씨 뿌리고 가꾸는 것 猶如人種栽
그늘과 꽃과 열매 얻으려 함과 같습니다. 爲陰花果故

82 보시도 또한 그와 같아서 布施亦如是

갚음의 즐거움은 큰 열반이니　報樂大涅槃
견고하지 않은 재물의 보시로써　不堅固財施
갚음으로 견고한 결과를 얻습니다.　獲報堅固果

83 음식을 보시하면 다만 힘만 얻고　施食唯得力
옷을 보시하면 좋은 몸만 얻는데　施衣得好色
만약 정사를 건립하면　若建立精舍
온갖 과보 빠짐없이 이루어집니다.　衆果具足成

84 혹은 보시로써 다섯 욕망 구하되　或施求五欲
혹은 큰 재물을 탐해 구하며　或貪求大財
혹은 이름을 위해 보시 행하고　或爲名聞施
혹은 하늘에 나기위해 보시행하고　有求生天樂
혹은 가난 괴로움 면하기 위하지만　或爲免貧苦

85 오직 장자님의 생각 없는 보시는　唯汝無想施
보시 중에서 최상의 보시로서　施中之最上
얻지 못할 이익이 없느니라.　無利而不獲

86 장자님의 마음은 크고 넓구려.　汝心有所弘

마땅히 빨리 성취하도록 하십시오. 宜令速成就
어리석은 애욕의 마음으로써 왔다가 癡愛心來遊
청정하게 눈이 열려 돌아가십시오.' 淸淨眼開還

87 장자는 부처님의 가르침 받고 長者受佛敎
은혜로운 마음은 더욱 밝아졌으며 惠心轉增明
이내 저 샤리푸트라에게 간청해 請優波低舍
어진 벗으로 모시고 함께 돌아갔습니다. 賢友而同歸

88 그 분들은 저 코살라로 돌아가 還彼憍薩羅
두루 돌아다니며 좋은 터를 찾다가 周行擇良墟
태자가 가진 기타 동산이 見太子祇園
숲과 물이 지극히 맑고 고요함을 보았습니다. 林流極淸閑

89 그들은 태자를 예방하고 往詣太子所
그 공원을 사려고 간청해 보았으나 請求買其田
그러나 태자는 보배같이 아껴 太子甚寶惜
아예 팔 생각을 내지 않았습니다. 元無出賣心

90 '비록 황금을 가득히 펴더라도 設布黃金滿

오히려 그 땅은 옮겨 갈 수 없을 게요.'	猶尙地不遷
장자는 마음속으로 매우 기뻐하며	長者心歡喜
곧 황금을 두루 폈습니다.	卽遍布黃金
91 기타 태자는 말했습니다.	祇言我不與
'나는 팔 생각이 없는데 그대는 왜	汝云何布金
여기에 금을 두루 펴는가?'	
'주시지 않을 것이라면	長者言不與
어찌하여 황금으로 채우라 하셨습니까?'	何言滿黃金
92 두 사람은 서로 다투어	二人共諍訟
재판에 붙여 일을 해결하려 했습니다.	延及斷事官
여러 사람들 모두 기특하다 찬탄하고	衆皆歎奇特
기타 태자 또한 그의 성의를 알려고	祇亦知其誠
93 이유를 자세히 물으니	廣問其因緣
'절을 지어	辭言立精舍
부처님과 그 제자 분들인 스님들께	供養於如來
공양을 올리려 하옵니다.'	幷及比丘僧

94 태자는 부처님이라는 이름을 듣고 太子聞佛名
그 마음이 열리고 깨달음이 생겨 其心卽開悟
황금의 반만을 받고 唯取其半金
화해를 구하고 함께 절을 지었습니다. 求和同建立

95 '장자님은 땅으로 저는 숲으로써 汝地我樹林
함께 부처님께 공양을 올립시다.' 共以供養佛
태자는 숲을 바치고 장자는 건축비 대어 長者知祇林
샤리푸트라에게 감독을 맡겼습니다. 以付舍利弗

96 경영하기 시작해 절을 세울 때에 經始立精舍
밤낮을 쉬지 않아 어느새 이루어졌고 晝夜勤速成
높이 드러나고 훌륭한 장엄은 高顯勝莊嚴
마치 네 천왕의 궁전 같았습니다. 猶四天王宮

97 법을 따르고 도에 따름도 마땅하여 隨法順道宜
여래의 거처에도 알맞았으니 稱如來所應
세간에 일찍 없던 일로서 世間未曾有
슈라바스티를 더욱 빛냈습니다. 增暉舍衛城

98 여래는 신기한 음덕을 나타내고 如來現神蔭
뭇 제자 모여 들어 안거할 때에 衆聖集安居
시자 없는 이에게는 시자를 주고 無侍者哀降
시자 있어도 수도에 편하게 했습니다. 有侍資道宜

99 장자는 그 복을 말미암아 長者乘斯福
그 목숨 끝나자 하늘에 태어났고 壽盡上昇天
자손들은 그 업을 계승하여 子孫繼其業
대대로 복 밭에 복씨를 뿌렸습니다. 歷世種福田

19
부처님의 귀향

1 부처님께서는 마가다에서　佛於摩竭國
여러 이교도들을 교화하셔서　化種種異道
모두 한 맛의 법을 따르게 하시니　悉從一味法
마치 해가 뭇 별을 비춤과 같았습니다.　如日映衆星

2 저 오산성을 나오셔서　出彼五山城
항상 따라다니는 제자와 함께　與千弟子俱
앞뒤로 권속들을 거느리시고　前後眷屬從
이금산으로 나아가셨습니다.　往詣尼金山

3 카필라-바스투 성에 가까워지자　近伽維羅衛
은혜 갚을 마음을 내시되　而生報恩心
'부왕에게 법으로써　當修法供養
공양을 올림이 당연하겠지.'　以奉於父王

4 왕사와 대신들이 王師及大臣
먼저 사람을 파견하여 살피게 하니 先遣伺候人
언제나 곁에서 따라다니며 常尋從左右
부처님의 거동을 살폈습니다. 瞻察其進止

5 부처님께서 환국하시려는 뜻을 알고 知佛欲還國
달려가 왕에게 먼저 아뢰었습니다. 駈馳而先白
'태자님은 멀리 떠나 공부하셔서 太子遠遊學
소원을 성취하시고 지금 환국하십니다.' 願滿今來還

6 왕은 듣고 매우 기뻐 王聞大歡喜
수레를 타고 나가 맞이할 때에 嚴駕卽出迎
온 나라의 모든 남녀들 擧國諸士庶
모두 왕을 따라 성을 나갔습니다. 悉皆從王行

7 차츰 가까워져 멀리 오시는 부처님을 봄에 漸近遙見佛
빛나는 모양 이전보다 배나 더했고 光相倍昔容
많은 대중 가운데 계셔서 處於大衆中
마치 저 범천왕과 같았습니다. 猶如梵天王

8 수레 내려 천천히 전진하며 下車而徐進
'전법 위해 체류가 어려움이 두렵구나!' 恐爲法留難
얼굴 우러르자 속으로 기뻐 뛰나 瞻顏內欣踊
입으로 말할 줄을 몰랐습니다. 口莫知所言

9 돌아보니 탐욕으로 세속의 번뇌에 살고 顧貪居俗累
아들은 초연히 부처님이 되었으며 子超然登仙
비록 자식이나 도가 높은 데 삶으로 雖子居道尊
어떤 이름으로 불러야 하는 줄 몰랐습니다. 未知稱何名

10 스스로 생각하니 '오랫동안 그렸건만 自惟久思渴
오늘 알맞게 부를 이름 없구나! 今日無由宣
아들은 지금 잠자코 앉아 子今默然坐
편안한 얼굴빛 변하지 않는구나! 安隱不改容

11 오래 이별했건만 감정 없으니 久別無感情
내 마음을 외롭고 슬프구나! 令我心獨悲
마치 오랫동안 목마른 사람 如人久虛渴
길가다가 맑고 시원한 우물을 만나 路逢清冷泉
달려가 그것을 마시려 할 때 奔馳而欲飲

샘에 이르면 갑자기 고갈함 같구나! 臨泉忽枯渴

12 지금 내가 아들을 보니 今我見其子
빛나는 얼굴 본래 그대로건만 猶是本光顏
마음은 서먹서먹 기는 더 할 수 없이 높아 心疎氣高絶
도무지 울렁거리는 마음을 쉴 그늘 없구나. 都無蔭流心
감정을 억제하니 헛된 희망마저 끊어져 抑情虛望斷
목마를 때 마른 우물 대한 듯하네. 如渴對枯泉

13 보지 못할 때는 여러 생각 일어났으나 未見繁想馳
눈앞에 마주 보자 기쁨이 없어 對目則無歡
마치 사람이 여윈 부모 그리다가 如人念離親
갑자기 초상화를 보는 듯하구나! 忽見畵形像

14 사천하에 부응하는 왕이라더니 應王四天下
오히려 만다트리왕 같으면서 猶若曼陀王
너는 지금 밥을 빌려 다니니 汝今行乞食
그 길이 무엇이 그리도 영화로우냐? 斯道何足榮

15 안정함은 수메류산과 같고 安靜如須彌

빛나는 얼굴은 밝은 해와 같으며　光相如日明
안정된 걸음걸이 소걸음 같고　庠行牛王步
두려움 없기는 사자 외침 같지만　無畏獅子吼
사천하를 물려줘도 받지 않고　不受四天封
구걸하여 그 몸을 지탱하는구나!'　乞求而養身

16 부처님께서 부왕의 마음을 아시고　佛之父王心
아직도 아들이란 생각이 있는　猶存於子想
그 마음을 열어드려서　爲開其心故
일체 중생과 함께 가엾이 여겼습니다.　幷哀一切衆

17 걸림 없이 다니는 신통으로 허공에 올라　神足昇虛空
두 손으로 해와 달을 받들고　兩手捧日月
공중에서 두루 돌아다니며　遊行於空中
가지가지 이변을 일으켰습니다.　種種作異變

18 혹은 몸을 나누어 한량없다가　或分身無量
도로 다시 합하여 하나가 되며　還復合爲一
혹은 물에 들어가 땅같이 걷고　或入水如地
혹은 땅에 들어가 물같이 잠기고　或入地如水

석벽도 그 몸을 막지 못하고　　石壁不礙身
몸 왼쪽 오른쪽에 물과 불을 뿜었습니다.　　左右出水火

19 부왕께서 크게 기뻐하시며　　父王大歡喜
부자의 정이 죄다 없어지자　　父子情悉除
부처님께서는 공중의 연꽃에 앉아　　空中蓮華坐
부왕을 위하여 설법을 하셨습니다.　　而爲王說法

20 '부왕께서는 마음으로 자비만 생각하시고　　知王心慈念
아들 위해 근심과 슬픔 더하시거나　　爲子增憂悲
아들을 사랑하고 생각함에 얽매이심　　纏綿愛念子
마땅히 빨리 버릴 줄 아셔야 합니다.　　宜應速除滅

21 애정을 쉬고 그 마음을 고요히 하여　　息愛靜其心
제가 받들어 올리는 법을 받으소서.　　受我子養法
사람의 아들로서 아직 받들지 못한 것을　　人子所未奉
지금 부왕께 바치겠나이다.　　父以奉父王

22 부왕께서 아직 아들에게 얻지 못한 것　　父未從子得
지금 아들에게 그것을 얻으십시오.　　今從子得之

사람의 왕이 됨도 기이하며 특별하고 人王之奇特
하늘의 왕이 됨도 또한 드뭅니다. 天王亦希有

23 훌륭하고 오묘한 감로의 도를 勝妙甘露道
지금 대왕께 받들어 올립니다. 今以奉大王
스스로의 업은 전생의 업으로 남을 받았고 自業業受生
지금 업은 전생의 업에 의한 갚음입니다. 業依業果報

24 당연히 아십시오. 업의 인과는 當知業因果
부지런히 익혀야 세상의 업을 건넙니다. 勤習度世業
자세히 식별하면 세간은 諦觀於世間
오직 선업만이 좋은 벗이 됩니다. 唯業爲良朋

25 여러 친척들이나 또 그 몸을 親戚及與身
깊이 사랑하고 서로 그리워해도 深愛相戀慕
목숨 마치고 몸이 홀로 갈 때는 命終身獨往
오직 업이 좋은 벗에게 따를 뿐입니다. 唯業良朋隨

26 다섯 갈래에 돌고 돌면서 輪迴於五趣
세 가지 업이 세 가지로 나는데 三業三種生

애욕이 그 원인이 되어 愛欲爲其因
갖가지 종류의 차별이 생깁니다. 種種類差別

27 지금 마땅히 그 힘 다하여 今當竭其力
몸과 말과 뜻의 업을 깨끗이 다스리되 淨治身口業
밤낮으로 부지런히 닦아 익히고 晝夜勤修習
어지러운 마음 쉬고 고요히 하십시오. 息亂心寂然
오직 그것만 스스로에게 이익 되오니 唯此爲己利
그것을 버리고는 모두 내게 아닙니다. 離此悉非我

28 꼭 아십시오. 삼계의 번뇌는 當知三界有
마치 큰 바다의 물결 같아서 猶如海濤波
즐거워할 것 없고 가까이 할 것 없으니 難樂難習近
꼭 네 가지 업 닦아야 합니다. 當修第四業

29 나고 죽는 다섯 길 돌고 돎은 生死五道輪
마치 뭇 별이 도는 것 같아서 猶衆星旋轉
모든 하늘 사람들도 옮기며 변하니 諸天亦遷變
인간 중에서 어찌 항상함을 얻겠습니까? 人中豈得常

30 니르바나는 가장 편안하고　涅槃爲最安
선정과 적정은 즐거움 중에 제일인데　禪寂樂中勝
인간 왕의 다섯 가지 즐거움은　人王五欲樂
위험하고 또 두려움 많아　危險多恐怖

31 마치 독사와 함께 사는 것 같으니　猶毒蛇同居
어떻게 잠깐인들 기쁨이 있겠습니까?　何有須臾歡
현명한 사람이 이 세상 볼 때　明人見世間
거센 불길에 둘러싸임 같아서　如盛火圍繞

32 두려움에 잠깐도 편안 할 수 없어　恐怖無暫安
나고 늙고 죽는 것 떠나기를 찾으니　求離生老死
그러므로 끝없이 고요하고 고요한 곳　無盡寂靜處
슬기로운 사람들이 사는 곳입니다.　慧者之所居

33 성능 좋은 무기인 쇠뇌나 활이나　不須利器仗
군사나 전차를 구태여 쓰지 않고　象馬以兵車
탐욕과 성냄과 어리석음 항복 받으면　調伏貪恚癡
천하의 어떤 적도 이길 수 있습니다.　天下敵無勝

34 괴로움을 알고 괴로움의 인을 끊고 知苦斷苦因
적멸을 증득하고 방편을 지어 證滅修方便
네 가지 참 이치 바르게 깨달으면 正覺四眞諦
나쁜 세계 두려움은 없어집니다.' 惡趣恐怖除

35 먼저 묘한 신통을 나타내어 先現妙神通
왕의 마음을 즐겁게 하시니 令王心歡喜
믿고 즐거워하는 정이 이미 깊어져 信樂情已深
바른 법 그릇이 될 만했습니다. 堪爲正法器

36 부왕께선 합장하고 찬탄하셨습니다. 合掌以讚嘆
'기이하십니다. 서원 이미 이루셨네. 奇哉誓果成
기이하십니다. 큰 괴로움 떠나셨구려! 奇哉大苦離
기이하십니다. 나의 마음에는 奇哉饒益我
이미 풍요와 이익이 넘칩니다.

37 먼저는 비록 슬픔과 근심 더했으나 先雖增憂悲
그 슬픔 말미암아 이익 얻었으니 緣悲故獲利
기이하십니다. 나는 오늘에야 奇哉我今日
아들을 낳은 과보를 성취했습니다. 生子果報成

38 훌륭하고 묘한 즐거움을 버림이 마땅하시고 宜捨勝妙樂
꾸준히 힘써 고행을 익힘 마땅하시며 宜精勤習苦
친족과 영화 버림 마땅하시고 宜離親族榮
은혜와 애정의 정 끊음 마땅하십니다. 宜割恩愛情

39 옛날의 모든 선인인 왕들은 古昔諸仙王
쓸데없이 괴로워하고 공은 없었지만 唐苦而無功
맑고 시원하고 편안한 곳에서 淸涼安隱處
부처님은 지금 죄다 얻어 汝今悉已獲
스스로도 편안하고 남도 편안케 하며 自安而安彼
크게 가엾이 여겨 중생을 제도하시네! 大悲濟衆生

40 처음부터 이 세상에 머물러 昔本住世間
만일 전륜성왕이 되었더라면 爲轉輪王者
자유자재한 신통으로써 無自在神通
내 마음 열어 주지 못하셨을 테지요. 令我心開解

41 또한 이러한 묘한 법으로써 亦無此妙法
나를 기쁘게 하지 못했을 것이고 使我今日歡
비록 전륜왕이 되었더라도 設爲轉輪王

나고 죽는 실마리 풀지 못했을 겁니다. 生死緖不絶

42 지금 이미 나고 죽음을 끊고 今已絶生死
돌고 도는 큰 괴로움 소멸하시고 輪廻大苦滅
능숙하게 중생의 무리들 위해 能爲衆生類
감로법을 널리 연설하십니다. 廣說甘露法

43 그와 같은 묘한 신통이 있고 如此妙神通
지혜는 매우 깊고 넓어서 智慧甚深廣
나고 죽는 괴로움 영원히 소멸하여 永滅生死苦
천상과 인간에서 제일이 되셨으니 爲天人之上
비록 전륜성왕의 위에 있어도 雖居聖王位
끝까지 이런 이익 얻지 못하셨을 겁니다.' 終不獲斯利

44 이렇게 찬탄하기 마친 뒤에는 如是讚嘆已
법을 사랑하기에 공경심이 더하여 法愛增恭敬
왕이요 아버지인 높은 위에 있으면서 居王父尊位
겸손하고 낮추어 머리 조아려 절하셨습니다. 謙卑稽首禮

45 온 나라의 모든 백성들 國中諸人民

부처님의 그러한 신통을 보고 觀佛神通力
그 깊고도 묘한 설법을 듣고 聞說深妙法
또 왕이 공경하고 존중함을 보자 兼見王敬重

46 합장하고 머리를 조아려 절하면서 合掌頭面禮
모두 기특하다는 생각을 내어 悉生奇特想
세속의 얽매임에 있기를 싫어하여 厭患居俗累
모두 다 집을 떠날 마음 내었습니다. 咸生出家心

47 샤캬 종족의 여러 왕자들 釋種諸王子
마음으로 깨치고 도의 결과 이루어 心悟道果成
모든 세속 영화와 즐거움을 싫어해 悉厭世榮樂
친족들을 버리고 집을 나왔습니다. 捨親愛出家

48 아난다 · 난다 阿難陀難陀
캄필라 · 아니룻다 金毘阿那律
난다 · 우파난다 難圖跋難陀
그리고 쿤다다나 及軍茶陀那

49 이러한 모든 우두머리와 如是等上首

그 밖의 샤캬족의 아들들 及餘釋種子
모두 다 부처님의 가르침 따라 悉從於佛教
그 법을 받고 제자가 되었습니다. 受法爲弟子

50 나라를 이끄는 대신의 아들 匡國大臣子
우다이가 우두머리 되어 優陀夷爲首
여러 왕자와 함께 與諸王子俱
차례차례로 집을 나왔습니다. 隨次而出家

51 또 아탈리의 아들 又阿低梨子
우파알리는 名曰優波離
그 모든 왕자와 見彼諸王子
대신의 아들들이 집 떠나는 것 보고 大臣子出家
마음으로 느꼈고 깨친 바 있어 心感情開解
또한 출가하여 법을 받았습니다. 亦受出家法

52 부왕도 그 아들의 父王見其子
신통의 힘과 모든 공덕을 보고 神力諸功德
스스로도 또한 맑은 흐름에 들어 自亦入淸流
감로의 바른 법 문안에 들었습니다. 甘露正法門

53 왕의 자리와 그 나라 버리고 捨王位國土
선정이란 감로 밥 자시며 禪定甘露飯
한가히 있으며 고요함 익히고 閑居修靜默
궁중에 있으면서 신선을 익혔습니다. 處宮習王仙

54 여래께서는 죄다 따르자 섭수하시고 如來悉隨攝
동족들은 알고 나서 불도 가운데서 本族知識已
얼굴빛은 법열에 온화하시니 道中顏和悅
친척들도 기뻐하며 따랐습니다. 親戚歡喜隨

55 때가 이르러 밥을 빌려고 時至應乞食
카필라-바스투 성으로 들어가시자 入迦維羅衛
성안의 모든 남녀들 城中諸士女
놀라고 기뻐하며 큰 소리로 외쳤습니다. 驚喜擧聲唱

56 '싯다르타님께서 悉達阿羅陀
도를 배워 이루고 돌아오셨습니다.' 學道成而歸
안팎에서 서로서로 전해 알려 內外轉相告
빈부귀천이 다 달려와 뵈었습니다. 巨細馳出看

57 사립과 창문 안에서 門戶窓牖中
어깨를 맞대고 눈을 치뜨며 比肩而側目
부처님 몸의 상호 뵈올 때 見佛身相好
광명은 빛나고 눈이 부셨습니다. 光明甚暉曜

58 겉에는 가사 입고 外著袈裟衣
몸 광명은 안으로 비추어 身光內徹照
마치 태양의 둥근 바퀴가 猶如日圓輪
안팎이 서로 비치는 것 같아 內外相映發
보는 사람 마음으로 슬퍼하고 기뻐하여 觀者心悲喜
모두 합장하면서 눈물을 흘렸습니다. 合掌涕淚流

59 부처님의 고요하고 바른 걸음걸이와 見佛庠序步
침묵한 얼굴에 모든 근을 단속하고 斂形攝諸根
묘한 몸에 법다운 위의 나타냄 보고 妙身顯法儀
공경하고 아끼며 더욱 슬퍼했습니다. 敬惜增悲歎

60 머리를 깎아 그 좋은 모습 헐고 剃髮毁形好
몸에는 물들인 옷 입었으며 身被染色衣
의젓한 거동과 고상한 얼굴 堂堂儀雅容

몸을 단속해 땅을 보고 걸으셨습니다. 束身視地行

61 '마땅히 깃을 붙인 보배 일산 받치고 應戴羽寶蓋
손에는 나는 용마 고삐를 잡을 것을 手攬飛龍轡
어떻게 먼지를 뒤집어쓰며 如何冒遊塵
바루 들고 밥을 빌러 다니시는가! 執鉢而行乞

62 그 재주는 원수를 항복 받을 만하고 藝足伏怨敵
얼굴은 미녀들을 기쁘게 할 만하여 貌足媄女歡
빛나는 옷에 하늘 관 썼을 때 華服冠天冠
만백성 모두 우러러 뵈온 것을 黎民咸首陽

63 어찌하여 싱그러운 모습 굽히시고 如何屈茂容
마음을 억누르고 몸을 묶으며 拘心制其形
묘하고 만족할 빛나는 옷 버리고 捨妙欲光服
맨몸에 물들인 옷 입으셨는가! 素身著染衣

64 어떤 모양을 보고 무엇을 구하셨기에 見何相何求
이 세상 다섯 탐욕 원수라 하여 與世五欲怨
어진 아내와 사랑하는 아들 두고 捨賢妻愛子

혼자 즐거워하며 외로이 다니시는가!	樂獨而孤遊
65 난감하겠구나! 그 어진 아내	難哉彼賢妃
긴긴밤 동안 근심과 그리움 품고	長夜抱憂思
지금까지 집을 나갔다는 말을 듣고도	而今聞出家
견디어 그 목숨을 보전하셨는데.	性命猶能全
66 속내를 모르겠구나. 저 대왕님	不審淨飯王
마침내 그 아들 보시자마자	竟見此子不
그 묘한 상을 가진 몸 보고	見其妙相身
형상 무너뜨리고 집 나갔는데도	毁形而出家
원수도 오히려 마음 아파하겠거늘	怨家猶痛惜
아비로서 그것 보고 어떻게 편안하실까?	父見豈能安
67 사랑하는 그 아들 나후라님은	愛子羅候羅
늘 울며 슬퍼하고 그리워 하셨는데	泣涕常悲戀
그러나 그를 보고 위로할 마음 없음은	見無撫慰心
이 도를 배움에 사용하셨네.	用學此道爲
68 관상보는 법에 밝은 여러 사람들	諸明相法者

모두 말해 태자는 나면서부터 咸言太子生
대인의 상을 두루 갖추었으니 具足大人相
마땅히 온 천하의 공양을 받으리라고. 應享食四海
그러나 지금 저 하시는 일을 보니 觀今之所爲
그것은 모두 다 헛 말이었구나!' 斯則皆虛談

69 이와 같이 편든 많은 사람들 如是比衆多
서로 시끄러이 지껄였으나 紛紜而亂說
여래는 마음에 집착이 없어 如來心無著
기뻐하거나 슬퍼하지 않았으며 無欣亦無戚
다만 중생들을 사랑하고 가엾어 해 慈悲愍衆生
가난과 괴로움에서 벗어나게 하려 하셨습니다. 欲令脫貧苦

70 그들의 선근을 자라게 하고 增長彼善根
아울러 미래의 세상을 위해 幷爲當來世
탐욕이 적다는 자취를 드러내고 顯其少欲跡
세속의 잡된 비방 없애셨습니다. 兼除俗塵謗

71 가난한 마을에 들어가 걸식할 때 入貧里乞食
맛나고 나쁜 것 얻어지는 대로 精麤任所得

큰 집 작은 집 가리지 않고 巨細不擇門
바루를 채우고는 숲으로 돌아가셨습니다. 滿鉢歸山林

20
외로운 이 돕던 절

1 세존께서 이미 개화하셔서 世尊已開化
카필라-바스투 성의 많은 사람들 迦維羅衛人
그 인연 따라 제도해 마치시고 隨緣度已畢
대중과 함께 길을 떠나셨습니다. 與大衆俱行

2 먼저 코살라국의 往憍薩羅國
프라세나짓트 왕국에 가시니 詣波斯匿王
기타 숲에 짓던 외로운 이 돕는 절은 祇園已莊嚴
벌써 어마어마한 위용으로 완공되어
모든 시설이 두루 갖춰졌습니다. 堂舍悉周備

3 샘물을 흘려 필요한데 물을 댔고 流泉相灌注
꽃과 과실은 모두 우거졌으며 花果悉敷榮
물과 뭍의 온갖 새들은 水陸衆奇鳥

끼리끼리 서로 어울려 울었으니 隨類群和鳴
모두가 아름다워 세상에 비할 데 없으니 衆美世無比
마치 카일라사 산의 궁전 같았습니다. 若稽羅山宮

4 급고독 장자는 권속들 데리고 給孤獨長者
길을 따라 마중 나와 眷屬尋路迎
꽃을 뿌리고 향을 사르며 散花燒名香
받들고 간청하여 기타 숲에 새로 지은 奉請入祇園
외로운 이 돕는 절로 들어갔습니다.

5 손에는 용 모양의 황금병 들고 手執金龍瓶
직접 꿇어 앉아 길게 물을 쏟으며 躬跪注長水
시방의 모든 스님들에게 以祇園精舍
그 절을 바치자 奉施十方僧

6 세존께서 주원하시고 받으셨습니다. 世尊呪願受
'나라는 영원히 편안하고 鎭國令久安
그리고 외로운 이 돕는 장자는 給孤獨長者
복과 경사가 끝없어 지이다.' 福慶流無窮

7 때에 프라세나짓트왕은　　時波斯匿王
세존이 이미 오셨다는 말 듣고　　聞世尊已至
수레를 타고 새 절에 도착하여　　嚴駕出祇園
세존 발에 공손히 예배한 뒤에　　敬禮世尊足
물러나 한쪽에 앉아　　却坐於一面
합장하고 부처님께 여쭈었습니다.　　合掌白佛言

8 '뜻 밖에 이 보잘 것 없는 나라가　　不圖卑小國
갑자기 대길상을 성취했습니다.　　忽成大吉祥
도리에 어긋나는 극악한 행위와　　惡逆多殃災
재앙이 많은 이 나라가
어찌 큰 성인을 감동하시게 할 수 있었습니까!　　豈能感大人

9 지금 성인의 성안을 뵘에　　今得覩聖顏
목욕하고 청정한 교화를 품으셨으니　　沐浴飮淸化
비루하여 평범한 축에 끼었는데　　鄙雖處凡品
성인의 가르침에 힘을 얻어서　　蒙聖入勝流

10 마치 바람이 향기 나는 숲을 지나면　　如風拂香林
기운이 합하여 향기바람 이루고　　氣合成薰飆

온갖 새들이 수메류산에 모이면 眾鳥集須彌
빛깔이 변해 금빛이 됨과 같습니다. 異色齊金光

11 현명한 사람과 만나게 되면 得與明人會
음덕을 입어 같이 영광스러우며 蒙蔭而同榮
농부라도 신선과 함께 살면 野夫共仙人
'살아서 세 발 가진 별이 된다.' 고 했습니다. 生爲三足星

12 세상의 이익은 죄다 디힘 있으나 世利皆有盡
성인께서 주신 이익 영원히 끝이 없습니다. 聖利永無窮
사람의 왕으로서 허물 많으나 人王多愆咎
성인을 뵈오니 이익이 항상하고 편안하옵니다.' 遇聖利常安

13 부처님께서는 왕의 마음이 지극하여 佛知王心至
법을 좋아 함이 샤크라왕 같으나 樂法如帝釋
오직 두 가지에 집착 있어 唯有二種著
재물과 색을 잊지 못함을 아셨습니다. 不能忘財色

14 때를 아시고 그 마음의 행로를 아시고 知時知心行
그리고 왕을 위하여 설법하셨습니다. 而爲王說法

'나쁜 업 가진 천한 사람도　惡業卑下士
착함을 보면 공경할 줄 압니다.　見善猶知敬

15 하물며 자유로운 왕으로서　況復自在王
덕을 쌓은 과거의 인연에 편승해서　積德乘宿因
부처를 만나 공경을 더 함　遇佛加恭敬
이것은 하기 어려운 일 아닙니다.　此乃非爲難

16 나라는 본래 안정하고 백성은 편안하니　國素靜民安
부처를 만났다고 더해진 것 아닙니다.　非見佛所增
지금 간략하게 설법하겠사오니　今當略說法
대왕은 우선 자세히 들으십시오.　大王且諦聽

17 저의 설법을 마음에 새기고 지키면　受持我所說
제가 설법한 공덕의 결과가　見我功果成
성취되는 사실을 보실 것입니다.

18 목숨 마치면 몸과 정신 갈리고　命終形身乖
그 친한 친척들도 모두 이별하지만　親戚悉別離
오직 좋고 나쁜 업만 남아 있어　唯有善惡業

시종일관 그림자처럼 따라다닙니다. 始終而影隨

19 당연히 법왕의 업적을 숭상하고 當崇法王業
만백성을 자식처럼 돌보시면 子養於萬民
현세에서는 좋은 이름 퍼지고 現世名稱流
죽은 뒤에는 천상에 오르며 命終上昇天
감정대로 처리하고 법을 따르지 않으면 縱情不順法
당장에도 괴롭고 뒤엔 즐거움 없습니다. 今苦後無歡

20 그 옛날에 영마란 왕은 古昔羸馬王
법을 따랐기에 하늘 복을 받았고 順法受天福
금보란 왕은 악을 시행하다가 金步王行惡
목숨 마치자 나쁜 곳에 태어났습니다. 壽終生惡道

21 저는 지금 대왕을 위해 我今爲大王
선과 악의 법을 간략히 말씀드릴 테니 略說善惡法
크게 중요함은 당연히 사랑하는 마음으로 大要當慈心
백성 돌보기를 외동아들 같이 하십입니다. 觀民猶一子

22 핍박하지도 말고 해치지도 말고 不迫亦不害

모든 근을 잘 거두어 지켜 善攝持諸根
사특함을 버리고 바른 길로 가게 하시고 捨邪就正路
잘난 체 다른 사람 업신여기지 말게 하시고 不自擧下人

23 고행하는 이를 벗으로 사귀며 結友於苦行
그릇된 소견 가진 자 벗하지 마시고 勿習邪見朋
왕의 위엄과 세력을 믿지 마시고 勿恃王威勢
그릇되고 아첨하는 말 듣지 마소서. 勿聽邪佞言

24 모든 고행하는 이들 괴롭히지 마십시오. 勿惱諸苦行
왕은 바른 법전을 벗어나지 마시고 莫踰王正典
부처를 생각하시고 바른 법 생각하시며 念佛維正法
법 안 지키는 사람을 항복 받으십시오. 調伏非法者
그러시면 현재에서 사람의 어른 되시고 現爲人中上
덕은 장차 바른 도 가운데서 융성합니다. 德將隆道中

25 덧없다는 생각을 깊이 생각하시고 深思無常想
몸과 목숨 시시각각 변한다 생각하시고 身命念念遷
마음은 높고 빼어난 경계에 두시고 栖心高勝境
뜻은 맑고 시원한 나루를 찾으십시오. 志求淸凉津

26 자비심 가지시고 자유로이 즐기시면 保慈自在樂
오는 세상에는 그 즐거움 더합니다. 來世增其歡
이름은 오랜 시간 동안에 전하고 傳名於曠劫
반드시 여래 은혜 갚습니다. 必報如來恩

27 마치 어떤 사람 단 과실 좋아하면 如人愛甛果
기어이 좋은 종자 심는 것과 같습니다. 必種其良栽
밝음에서 어둠으로 들어가는 수 있고 有從明入闇
어둠에서 밝음으로 들어가는 수 있습니다. 有從闇入明

28 어둠에서 어둠이 서로 상속하는 수 있고 有闇闇相續
밝음에서 밝음이 서로 원인이 되는 수 있으니 有明明相因
지혜로운 사람은 세 가지를 버리고 智者捨三品
마땅히 항상 밝음을 배워야 합니다. 當學始終明

29 나쁜 여론은 뭇 메아리와 상응하지만 惡言群嚮應
좋은 여론은 따라 하기가 어렵습니다. 善唱隨者難
짓지 않은 결과 있을 수 없고 無有不作果
지은 것은 결코 없어지지 않습니다. 作者不敗亡

30 창업한 것 부지런히 익히지 못하면	創業不勤習
끝에 가서 아무 것도 되는 것이 없습니다.	至竟莫能爲
본래 좋은 원인을 만들지 않으면	素不修善因
뒤에 올 즐거움 기약 없습니다.	後致樂無期
31 이미 간 것 그치게 할 기약 없으니	旣往無息期
그러므로 착한 일 지어야 하고	是故當修善
자성하고 악을 짓지 않아야 함은	自省不爲惡
제가 지어 제가 받기 때문입니다.	自作自受故
32 마치 사방의 돌산이 합치면	猶四石山合
중생들 도망할 곳 없는 것처럼	衆生無逃處
나고 늙고 병나는 죽음의 산은	生老病死山
중생들이 그 산을 벗어나려 해도	群生脫無由
도무지 기대고 비빌 언덕이 없습니다.	
33 오직 바른 법 행함으로써	唯有行正法
이 괴로움이 겹친 산을 벗어납니다.	出斯苦重山
이 세간은 모두 덧없고	世間悉無常
다섯 가지 탐욕 경계는 번개 같습니다.	五欲境如電

34 늙고 죽음은 송곳 끝과 같거늘　老死錐鋒端
어떻게 법 아닌 것에 응하겠습니까?　何應習非法
옛날의 모든 훌륭한 왕들　古昔諸勝王
마치 저 자재천과 같아서　猶若自在天

35 용맹한 마음으로 허공에 올랐으나　勇健志騰虛
잠깐 드러났다 이내 닳아 없어졌습니다.　暫顯已磨滅
겁의 불길이 수미산 녹일 때　劫火鎔須彌
바닷물도 모두 다 마르는데　海水悉枯渴

36 하물며 이 몸은 물거품 같거니　況身如泡沫
어떻게 이 세상에 오래 있기 바라겠습니까?　而望久存世
사나운 바람도 수람에 그치고　猛風止隨藍
햇빛도 수미산에 가리고　日光翳須彌

37 성한 불길도 물에는 꺼지거니　盛火水所消
물건은 죄다 소멸에 돌아가고 있습니다.　有物悉歸滅
이 몸이란 덧없는 그릇인데　此身無常器
긴긴밤 동안을 수고롭게 보호하며　長夜苦守護

38 재물과 색으로 두루 밑천을 대고 廣資以財色
함부로 놀면서 뽐내지만 放逸生憍慢
어느새 때가 되어 문득 죽으면 死時忽然至
뻣뻣하게 굳어짐이 마른 나무 같습니다. 挺直如枯木

39 현명한 이 이런 변화를 보기에 明人見斯變
부지런히 공부하며 잠자지 않거니 勤修豈睡眠
나고 죽음은 제 혼자 나팔을 불어 生死獨搖機
그치지 않고 타락함을 모읍니다. 不止會墮落

40 계속될 즐거움이 아니면 익히지 마시고 不習不續樂
괴로운 과보 있는 일 하지 마시고 苦報者不爲
좋은 벗 아니면 가까이 하지 마시고 不近不勝友
악을 끊지 못할 지혜는 배우지 마십시오. 不學不斷智

41 받지 않을 일을 배우면 지혜가 있고 學不受有智
받더라도 반드시 몸을 위해 受必令無身
받는 일은 없도록 하십시오.
몸을 위해 받는 경우가 있더라도 有身不染境
경계에 물들지 마시시오.

경계에 물들면 큰 허물이 됩니다. 染境爲大過

42 비록 저 하늘에 태어나더라도 雖生無色天
시간이 흐름을 면하지는 못합니다. 不免時變遷
반드시 몸이 변천하지 않음을 배우십시오. 當學不變身
변하지 않음을 배우면 허물이 없습니다. 不變則無過

43 이 몸이 있으므로 以有此身故
온갖 괴로움의 근본 되었습니다. 爲衆苦之本
그러므로 모든 지혜로운 사람은 是故諸智者
근본은 몸이 없음에 휴식합니다. 息本於無身

44 저 일체 중생의 무리들은 一切衆生類
탐욕으로 말미암아 괴로움 생기니 斯由欲生苦
그러므로 탐욕의 번뇌에 대하여 是故於欲有
싫어해 떠날 마음 내어야 합니다. 當生厭離心

45 욕계를 싫어하여 떠나면 厭離於欲有
곧 온갖 괴로움 받지 않습니다. 則不受衆苦
비록 색계나 무색계에 태어난다 해도 雖生色無色

변하고 바뀌는 것 큰 근심이 됩니다.	變易爲大患
46 적정하지 않기 때문이오니	以不寂靜故
하물며 욕계를 떠나지 못함이겠습니까?	況不離於欲
이와 같이 삼계를 관찰해 보면	如是觀三界
모두가 덧없고 주인이 없습니다.	無常無有主
47 온갖 고통 언제나 불꽃처럼 무성하니	衆苦常熾然
지혜로운 이로서 즐겁기를 원하며	智者豈願樂
마치 나무가 거센 불길에 타버림 같은데	如樹盛火然
뭇 새들 어찌 떼 지어 모이겠습니까?	衆鳥豈群集
48 이것을 깨달으면 밝은 사람이며	覺者爲明士
이것을 떠나면 밝음이 없고	離此則無明
이것을 열면 깨달은 사람이라 하며	此則開覺士
이것을 떠나면 깨달은 이 아닙니다.	離此則非覺
49 이것을 하는 일이 마땅하지만	此則應所作
이것을 떠나면 마땅하지 않고	離此則不應
이것을 하면 진리에 가까우나	此則爲近宗

이것을 떠나면 진리와 어긋납니다.	離此與理乖
50 이 특별하고 훌륭한 법은	言此殊勝法
세속인에게 어울리지 않는다고 말하지만	非在家所應
그것은 곧 옳지 않은 말이오니	此則爲非說
법은 오직 사람이 펴는 데 있습니다.	法唯在人弘
51 더위를 근심하여 찬물에 들어가면	患熱入冷水
모두가 맑고 시원하게 되며	一切得淸涼
어두운 방에 등불 밝히면	冥室燈火明
다섯 가지 빛깔을 다 볼 수 있습니다.	悉覩於五色
52 도를 닦는 것도 또한 그와 같아서	修道亦如是
출가 재가에 다른 방법 없습니다.	道俗無異方
혹은 산에 있어도 죄에 떨어지기도 하고	或山居墮罪
혹은 집에 있어도 신선이 됩니다.	或在家昇仙
53 어리석고 어두움은 큰 바다 되고	癡冥爲巨海
그릇된 소견은 물결 되니	邪見爲波濤
중생들은 애욕의 흐름을 따라	群生隨愛流

이리저리 떠돌아 잘 건질 수 없습니다. 漂轉莫能度

54 지혜는 가벼운 배가 되고 智慧爲輕舟
선정과 바른 방편의 북 치며 堅持三昧正
바른 생각의 노를 단단히 잡으면 方便鼓念檝
초행길의 바다라도 능숙하게 건넙니다.' 能濟無知海

55 때에 왕은 마음을 오롯이 하여 時王專心聽
부처님께서 말씀하신 설법을 듣고 一切智所說
세속적인 영화에 얽힘을 싫어하고 厭縛於俗榮
왕이란 즐거운 것 없는 줄 알고 知王者無歡

56 마치 술에 잔뜩 취한 미친 코끼리가 如逸醉狂象
술 깨어 바른 정신 돌아온 것 같았습니다. 醉醒純熟還
그 때에 여러 이교도들이 是有諸外道
대왕이 부처님을 믿고 공경하는 것 보고 見王信敬佛

57 부처님과 신통을 겨뤄 보기를 咸求於大王
모두들 대왕에게 간청했습니다. 與佛決神通
그 때에 왕은 세존에게 여쭈었습니다. 時王白世尊

'저들의 요구를 들어주시기 바랍니다.' 願從彼所求

58 부처님은 잠자코 허락하시자 佛卽默然許
갑자기 다른 소견 가진 이교도 중에 種種諸異見
다섯 가지 신통을 가진 선인들 五通神仙士
부처님 계신 곳에 모두 모였습니다. 悉來詣佛所

59 부처님은 곧 신력을 나타내되 佛卽現神力
바른 자세로 공중에 앉으신 채로 正基坐空中
큰 광명을 두루 놓으시니 普放大光明
마치 아침에 해가 빛나는 것 같았습니다. 如日耀朝陽
이교도들은 모두 부처님께 항복했고 外道悉降伏
사실을 아는 백성들은 다 개종했습니다. 國民普歸宗

60 부처님은 어머님께 설법하시기 위해 爲母說法故
곧 도리천으로 올라가셔서 卽昇忉利天
석 달 동안 천궁에 계시면서 三月處天宮
모든 하늘 사람을 두루 교화하셨습니다. 普化諸天人

61 어머님을 제도하여 은혜 갚은 뒤 度母報恩畢

안거를 지나서 돌아오실 때 安居時過還
모든 하늘 대중들이 호위했습니다. 諸天衆羽從
일곱 가지 보배의 계단을 타고 乘於七寶階
잠부드비파로 내려오셨으니 下至閻浮提
모든 부처님께서 언제나 내리던 곳이었습니다. 諸佛常下處

62 한량이 없는 모든 하늘 사람들 無量諸天人
궁전을 타고 따르며 전송했고 乘宮殿隨送
잠부드비파의 임금이나 백성들 閻浮提君民
모두 합장하고 첨앙했습니다. 合掌而仰瞻

21
술 취한 코끼리들 항복 받다

1 부처님은 하늘위에서 그 어머님과 　 天上敎化母
여러 하늘 사람들 교화하시고 　 及餘諸天衆
돌아와 사람들 가운데 유세하시면서 　 還遊於人中
그 인연을 따라 교화를 시행하셨습니다. 　 隨緣而行化

2 주티카 · 지바카 　 樹提迦耆婆
슐라 · 추르나 　 首羅輸盧那
장자의 아들 앙가와 　 長者子央伽
또 무외 왕자 　 及無畏王子

3 냐그로다 　 尼瞿屢陀等
나그란타인 　 尸利掘多迦
우파알리 등을 　 尼揵憂波離
모두 다 해탈을 얻게 하셨습니다. 　 悉令得解脫

4 간다라국의 왕 乾陀羅國王
그 이름은 풋드가알라 其名弗迦羅
그는 부처님의 미묘한 설법을 듣고 聞說微妙法
나라를 버리고 출가했습니다. 捨國而出家

5 혜무발저 귀신과 醯茂鉢低鬼
파다기리 등은 及波多耆利
비부라산에서 於毘富羅山
항복하고 교화를 받았습니다. 調伏利受化

6 푸라얀 범지는 波羅延梵志
바자나 산중에서 波沙那山中
두 줄 시의 뜻에 半偈微細義
항복하고 믿으며 즐거워했습니다. 調伏令信樂

7 다나마티 여러 마을에 살던 他那摩帝村
쿠타단타 이교도 有鳩咤檀眈
그 수행자 우두머리가 是二生之首
여러 종류 생물을 많이 죽여 제사하니 廣殺生祀祠

여래께서는 방편으로 교화하셔서	如來方便化
그를 바른 도에 들게 하셨습니다.	令其入正道
8 비데하산에	於毘提訶山
큰 위덕 지닌 하늘 신	大威德天神
이름은 판차슈카 그는 법을 받고	名般遮尸呿
바라밀로써 공덕을 쌓음에 들었습니다.	受法入決定
9 바이뉴스타 마을에서는	毘紐瑟咤村
저 난다의 어머니를 교화하셨고	化彼難陀母
앙그라타비 성에서는	央伽富梨城
큰 힘 있는 귀신을 항복 받으셨습니다.	降伏大力神
10 바나바드라와	富那跋陀羅
슈르나단라에서는	輸屢那檀陀
흉악하게 힘센 용과	凶惡大力龍
그 나라의 왕과 그 후궁들	國王及後宮
모두 다 바른 법 받아 지키니	悉皆受正法
그들을 위해 감로문을 여셨습니다.	以開甘露門

11 저 키 작은 이들이 사는 마을에서는　於彼侏儒村
키나와 살라는　稽那及尸盧
마음속에 천상의 즐거움을 구했는데　志求生天樂
그들을 교화하여 바른 도에 들게 하셨습니다.　化令入正道

12 저 수모촌에서는　央瞿利摩羅
앙굴리마알라를 위해　於彼脩侔村
신통의 힘을 나타내셔서　爲現神通力
교화하여 항복을 받으셨습니다.　化令卽調伏

13 큰 장자의 아들　有大長者子
푸리지바나는　浮梨耆婆南
푸나바티만큼　如富那跋陀
큰 부자로서 재물이 많았는데　大富多錢財
그는 여래 앞에서 교화를 받고　卽於如來前
널리 보시를 실천했습니다.　受化廣行施

14 저 바디촌에서는　於彼跋提村
바다리와　化彼跋提梨
바다라의　及與跋陀羅

두 형제 귀신을 교화하셨습니다. 兄弟二鬼神

15 비다발리에 毘提訶富利
두 바라문이 있어 有二婆羅門
한 사람은 대수라 했고 一名爲大壽
다른 한 사람은 범수라 했는데 二名曰梵壽
논의로써 그들을 항복 받아서 論議以降伏
바른 법으로 들어오게 하셨습니다. 令入於正法

16 바이샤알리성에 이르러서는 至毘舍離城
모든 나찰 귀신을 교화하시고 化諸羅刹鬼
또 리차비의 사자와 并離車師子
리차비의 대중과 及諸離車衆
살차니건자 이교도를 薩遮尼揵子
모두 바른 법에 들어오게 하셨습니다. 悉令入正法

17 하마킨카바에서는 阿摩勒迦波
바다라 有鬼跋陀羅
바다라카 及跋陀羅迦
바다라가마 귀신을 제도하셨습니다. 跋陀羅劫摩

18 또 알라산에 이르러서는 又至阿臘山
귀신 알라바와 度鬼阿臘婆
둘째 쿠마라와 二名鳩摩羅
셋째 아시다카를 제도하셨습니다. 三訶悉多迦

19 돌아와 가야산에 이르러서는 還至伽闍山
귀신 알라바와 度鬼阿臘婆
고슴도치 야차와 及針毛夜叉
그 자매의 아들을 제도하셨고. 及其姉妹子

20 또 바라나시에 이르러서는 又至波羅奈
저 카타야나를 제도하셨고 化彼迦旃延
그렇게 하신 뒤 다음에는 신통으로써 然後乘神通
추르나바라에 이르러셨습니다. 至輸盧波羅

21 그 모든 상인과 化彼諸商人
다바킨을 교화하시고 多波揵尼劍
그 찬다나 향나무 집을 받으셨으니 受其栴檀堂
묘한 향기는 지금도 풍깁니다. 妙香流於今

22 마하바티에 이르러서는 　至摩醯波低
카필라 선인을 제도하셨고 　度迦毘羅仙
무니께서는 그 곳에 계시면서 　牟尼住於彼
발로 돌 위를 밟으셨을 때 　足蹈於石上
천 폭 쌍 바퀴 찍혔는데 　千輻雙輪現
영원히 닳아 없어지지 않았습니다. 　終則不磨滅

23 푸라나의 처소에 이르러서는 　至波羅那處
푸라나 귀신을 교화하시고 　化婆羅那鬼
바이란자촌에 이르러서는 　至鞞蘭若村
여러 바라문들을 제도하셨습니다. 　度諸婆羅門

24 칼라마사 촌에서는 　迦利摩沙村
사바사신을 제도하시고 　度薩毘薩深
또 거기서 저 　亦復化於彼
아지리바사를 교화하셨습니다. 　阿耆尼毘舍

25 다시 슈라바스티로 돌아오셔서 　復還舍衛國
저 고타마와 　度彼瞿曇摩
자티스루나와 　闍帝輸盧那

다카틸리를 제도하셨습니다. 度迦阿低梨

26 코살라로 돌아오셔서는 還憍薩羅國
외도의 우두머리 度外道之師
바카라필리와 弗迦羅婆梨
모든 수행자들을 제도하셨습니다. 及諸梵志衆

27 사타비카의 至施多毘迦
적정하고 텅비어 한적한 곳에 이르러 寂靜空閒處
모든 이교도 선인들을 제도하셔서 度諸外道仙
부처님 선인의 길로 들어오게 하셨습니다. 令入佛仙路

28 아요다국에 이르러서는 至阿輸闍國
모든 귀신과 용들을 제도하셨고 度諸鬼龍衆
쿰비일라국에 이르러서는 至舍毘羅國
두 악한 용왕을 제도하셨으니 度二惡龍王
하나는 쿰비일라요 一名金毘羅
또 하나는 카알라카였습니다. 二名迦羅迦

29 또 밧지국에 이르러서는 又至跋伽國

야차 귀신을 제도하셨으니	化度夜叉鬼
그 이름은 피사였고.	其名曰毘沙
나아가라 부모와	那鳩羅父母
큰 장자에게는	幷及大長者
바른 법을 믿고 즐기게 하셨습니다.	令信樂正法
30 코샴비국에 이르러서는	至俱舍彌國
고시라와	化度瞿師羅
두 우바이	及二優婆夷
바주타라의	波闍鬱多羅
도반 등 우바이를 제도하시고	伴等優婆夷
많은 무리를 차례로 제도하셨고	衆多次第度
간다라국에 이르러서는	至揵陀羅國
아팔라알라용을 제도하셨습니다.	度阿婆羅龍
31 이와 같이 차례차례로	如是等次第
허공에 다니는 것, 물과 뭍에 사는 것들	空行水陸性
모두 다 가서 제도하시니	皆悉往化度
마치 해가 어둠을 비추는 것 같았습니다.	如日照幽冥

32 그 때에 데바닷타가 爾時提婆達
부처님의 특별하고 훌륭한 덕을 보고 見佛德殊勝
마음속으로 질투하여 內心懷嫉妬
모든 선정을 잃게 하려 했습니다. 退失諸禪定

33 갖가지 나쁜 방편을 지어 造諸惡方便
바른 법의 승단을 부수려고 破壞正法僧
저 깃자쿠타산에 올라가 登耆闍崛山
돌을 무너뜨려 부처님을 치이게 했으나 崩石以打佛
그러나 돌은 두 쪽으로 갈라져 石分爲二分
부처님 좌우에 떨어졌습니다. 墮於佛左右

34 그는 평탄하고 곧은 왕도에 於王平直路
만취한 나쁜 코끼리를 내 모니 放狂醉惡象
진동과 부르짖음 뇌성병력 같고 震吼若雷霆
사나운 기운 뻗쳐 구름을 이루었습니다. 勇氣奮成雲

35 가로 내치고 빨리 달리며 橫泄而奔走
마음대로 뛰어 모진 바람 같으니 逸越如暴風
코와 어금니와 꼬리와 네 발에 鼻牙尾四足

부딪쳐 꺾이지 않는 것 없었습니다. 觸則莫不摧

36 라자그리하의 거리거리에서 王舍城巷路
어지러이 사람을 죽이고 해치니 狼藉殺傷人
쓰러진 시체는 길에 깔렸고 橫尸而布路
골수와 피는 이리저리 흘렀습니다. 髓腦血流離

37 성안의 모든 남녀들 一切諸士女
두려워하여 문을 나서지 못하고 恐怖不出門
온 성안은 모두 두려워 떨며 合城悉戰悚
놀라고 부르짖는 소리만 들리니 但聞驚喚聲
어떤 이는 성 밖으로 빠져 달아나고 有出城馳走
어떤 이는 구멍으로 들어가 숨었습니다. 有窟穴自藏

38 여래께서는 오백 대중 거느리시고 如來衆五百
때가 되어 성안으로 들어오시니 時至而入城
높은 다락이나 창가에 있는 사람들 高閣窻牖人
부처님께 못 가시게 말렸습니다. 啓佛令勿行

39 그러나 여래께서 마음이 태연하시고 如來心安泰

환한 얼굴에는 두려운 빛 없고 怡然無懼容
탐하고 질투하는 괴로움 생각하여 唯念貪嫉苦
국민들을 사랑하는 마음으로써 慈心欲令安
그들을 편안하게 해주려 하셨습니다.

40 천인과 용의 무리가 에워싸고 따르면서 天龍衆營從
미친 코끼리에게로 점점 나아가시니 漸至狂象所
모든 비구들은 피해서 도망치고 諸比丘逃避
오직 아난다와 함께 길을 가셨습니다. 唯與阿難俱

41 법에는 온갖 모양 있어도 猶法種種相
한 자성은 옮겨지지 않는 것 같이 一自性不移
취한 코끼리 미쳐 성내었으나 醉象奮狂怒
부처님 뵙자 마음이 곧 말짱했습니다. 見佛心卽醒

42 그들이 몸을 던져 부처님 발에 절하니 投身禮佛足
마치 큰 산이 무너지는 듯 猶若太山崩
연꽃 손바닥으로 그 이마를 만지시니 蓮花掌摩頂
마치 해가 검은 구름 비추는 것 같았습니다. 如日照烏雲

43 부처님 발아래 꿇어 엎드리자 | 跪伏佛足下
부처님은 그를 위해 설법하셨습니다. | 而爲說法言
'코끼리야. 큰 용을 해치려고 하지 말라 | 象莫害大龍
코끼리는 용과 더불어 싸우기 어려우니라. | 象與龍戰難

44 코끼리가 큰 용을 해치려 하면 | 象欲害大龍
마침내 좋은 곳에 나지 못하느니라. | 終不生善處
탐욕과 성냄과 어리석고 아득하여 취하면 | 貪恚癡迷醉
항복 받기 어려우나 나는 이미 받았느니라. | 難降佛已降

45 그러므로 너는 오늘 | 是故汝今日
마땅히 탐욕과 성냄과 어리석음 버려라. | 當捨貪恚癡
이미 괴로움의 수렁에 빠졌으니 | 已沒苦淤泥
버리지 않으면 더더욱 깊어지느니라.' | 不捨轉更深

46 그 코끼리 부처님 말씀 듣고 | 彼象聞佛說
취한 기운 풀리고 마음은 곧 깨어나 | 醉解心卽悟
몸과 마음이 안락하게 되었으니 | 身心得安樂
목마를 때 감로를 마신듯 했습니다. | 如渴飮甘露

47 코끼리가 이미 부처님 교화 받자 象已受佛化
온 나라 사람들 모두 기뻐했고 國人悉歡喜
모두 드문 일이라 찬탄하면서 咸歎唱稀有
가지가지 공양을 베풀었습니다. 設種種供養

48 아랫 착한 사람 중간 착한 이 되고 下善轉成中
중간 착한 이는 위의 착한 이 되며 中善進增上
믿지 않은 사람은 믿음을 내고 不信者生信
이미 믿는 사람은 믿음이 깊어졌습니다. 已信者深固

49 그 때에 아자타사트루 왕 阿闍世大王
부처님께서 취한 코끼리 항복 받으심 보고 見佛降醉象
마음에 기이하고 특별하다는 생각을 내어 心生奇特想
기뻐하고 몇 배나 더욱 공경했습니다. 歡喜倍增敬

50 여래께서는 좋은 방편으로써 如來善方便
가지가지의 신력을 나타내셔서 現種種神力
모든 중생을 항복 받으신 뒤에 調伏諸衆生
힘을 따라 바른 법에 들게 하셨으니 隨力入正法
온 나라의 국민들 모두 착한 업 닦아 擧國修善業

마치 겁초의 사람들 같이 착했습니다.	猶如劫初人
51 그리고 그 데바닷타는	彼提婆達兜
악으로 말미암아 스스로 묶여	爲惡自纏縛
먼저는 신력으로 날아다녔으나	先神力飛行
지금은 무택지옥에 떨어졌습니다.	今墮無擇獄

22
암마라를 교화하시다

1 세존은 널리 교화해 마치시고　世尊廣化畢
니르바나에 드실 마음먹으시고　而生涅槃心
라자그리하성을 떠나　發於王舍城
파탈리푸트라읍으로 가셨습니다.　詣巴連弗邑

2 거기에 이미 도착하셔서　到已住於彼
파탈리 차트야에 머무르셨으니　娑吒利支提
그 곳은 저 마가다의　彼是摩竭提
변방에 있는 속국이었습니다.　邊邑附庸國

3 그 나라의 주인인 바라문은　國主婆羅門
학식이 많고 경전에 밝으며　多聞明經典
하늘을 보고 나라의 안위를 점치는　瞻相土安危
그 나라의 앙관사였습니다.　國之仰觀師

4 마가다왕은 사자 보내어 摩竭王遣使
그 앙관사에게 勅告彼仰觀
든든하게 성을 쌓아 命其於牢城
강한 이웃나라 막으라고 했습니다. 以備於强隣

5 세존은 그 땅에 대해 예언하셨습니다. 世尊記彼地
'여기는 천신이 보호하는 곳 天神所保持
가운데 성을 쌓으면 於中起城郭
영원히 튼튼하여 위태롭지 않으리라.' 永固不危亡

6 앙관사는 그 말씀 듣고 마음으로 기뻐하며 仰觀心歡喜
부처님과 법과 승단에 공양을 올렸습니다. 供養佛法僧
부처님께서는 그 성문을 나가 佛出彼城門
갠지스 강가에 머무셨습니다. 往詣恒河濱

7 앙관사는 부처님을 존경했으므로 仰觀深敬佛
그 문을 고타마 문이라 명명했고 名爲瞿曇門
갠지스 강가의 많은 사람들 恒河側人民
모두 나와 세존을 맞이했습니다. 皆出迎世尊

8 가지가지 공양을 베풀고 興種種供養
각기 배를 준비해 건너시게 하니 各嚴船令渡
많은 배중에 한 배에만 타시면 世尊以船多
여러 사람 마음을 어긴다 생각하시고 偏受違衆心

9 세존은 곧 신통력으로써 卽以神通力
자기와 대중들의 몸을 숨기고 隱身及大衆
이쪽 언덕에서 문득 사라져 忽從此岸沒
저쪽 언덕으로 건너가셨습니다. 而出於彼岸

10 부처님께서는 지혜의 배를 타시고 以乘智慧船
중생을 널리 제도하셨고 廣濟於衆生
그 공덕의 힘을 이용하셔서 緣斯德力故
강을 건너도 배를 의지하지 않으셨습니다. 濟河不憑舟

11 갠지스 강가의 많은 사람들 恒河側人民
이구동성으로 기이하다 외치고 同聲唱奇哉
서로서로 말하여 그 나루를 咸言名此津
고타마 나루라 명명했습니다. 名爲瞿曇津

12 성문 이름은 고타마 문 城門瞿曇門
나루 이름은 고타마 나루 津名瞿曇津
그 이름은 세상에 널리 퍼져 斯名留於世
여러 대에 일컬어 전했습니다. 歷代共稱傳

13 여래는 다시 앞으로 가셔서 如來復前行
저 쿨리촌에 이르러 至彼鳩梨村
설법하여 많은 사람 교화하셨고 說法多所化
다시 나디카촌에 이르렀을 때 復至那提村

14 사람들이 전염병으로 많이 죽자 人民多疫死
그 친척들은 모두 와서 묻기를 親戚悉來問
'전염병으로 죽은 모든 친족들 諸親疫死者
죽은 뒤에 어디에 태어납니까?' 命終生何所

15 부처님은 업보를 잘 아시므로 佛善至業報
그 물음을 따라 모두 예언하셨고 悉隨問記說
다시 바이샤알리로 가셔서 前至鞞舍離
암마라 동산에 머무르셨습니다. 住於菴羅林

16 저 암바파알리라는 우바이 彼菴摩羅女
부처님께서 그 동산에 오셨다는 말을 듣고 承佛詣其園
그 시녀 무리들 거느리고 侍女衆隨從
조용히 나와 맞이했습니다. 庠序出奉迎

17 모든 감정의 근을 잘 거두어 잡고 善執諸情根
몸에는 가벼운 흰 옷을 입어 身服輕素衣
갖가지로 장엄한 옷을 버리고 捨離莊嚴服
목욕하고 향기와 꽃으로 꾸몄습니다. 自沐浴香花

18 마치 세상의 정숙하고 어진 여자 猶世貞賢女
깨끗한 그대로 하늘에 절하는 듯 潔素以祠天
단정하고 아름다운 그 얼굴 모습 端正妙容姿
마치 하늘 옥녀 얼굴 같았습니다. 猶天玉女形

19 부처님께서 오는 여인을 머리서 보시고 佛遙見女來
여러 비구들에게 말씀하셨습니다. 告諸比丘衆

20 '저 여자는 지극히 단정하여 此女極端正
수행자의 마음 붙들 수 있으니 能留行者情

너희들은 마땅히 바른 생각과 | 汝等當正念
슬기로써 그 마음 진정하여라. | 以慧鎭其心

21 차라리 사나운 호랑이 입이나 | 寧在暴虎口
미친 사내 칼 아래 목을 디밀어도 | 狂夫利劍下
여인의 처소에서 | 不於女人所
애욕의 감정을 일으키지 마라라. | 而起愛欲情

22 여자가 아름다운 그 자태 나타낼 때 | 女人顯姿態
다니거나 섰거나 앉았거나 누웠거나 | 若行住坐臥
더 나아가 그림과 사진 조각에까지 | 乃至畵像形
모두 아리따운 자태를 나타내어 | 悉表妖姿容

23 사람의 착한 마음 겁탈하는데 | 劫奪人善心
어떻게 스스로 방비하지 않겠느냐? | 如何不自防
울고 웃으며 기뻐하고 성내며 | 現啼笑喜怒
몸짓으로 어깨를 늘어뜨리고 | 縱體而垂肩

24 혹은 흩은 머리나 삐딱한 머리핀도 | 或散髮髻傾
오히려 사람 마음 어지럽게 하거든 | 猶尙亂人心

하물며 다시 꾸민 얼굴과 몸짓에　況復飾容儀
아름다운 자태를 들어냄이겠느냐?　以顯妙姿顏

25 잘 보이게 꾸밈으로써 더러운 꼴 숨기고　莊嚴隱陋形
어리석은 사내를 유혹하고 속이면　誘誑於愚夫
정신을 잃고 나쁜 생각을 내나니　迷亂生惡想
추한 꼴을 깨닫지 못하게 되느니라.　不覺醜穢形

26 그러므로 마땅히 덧없고 괴로우며　當觀無常苦
더럽고 내 것이 없다고 식별하여　不淨無我所
그 참된 모양을 밝게 봄으로써　諦見其眞實
탐욕의 생각을 없애야 하느니라.　滅除貪欲想

27 스스로 경계를 바르게 관찰하면　正觀於自境
천녀도 오히려 즐길 대상 아닌데　天女尚不樂
하물며 다시 인간의 탐욕신이　況復人間欲
사람 마음을 붙들 수 있겠느냐?　而能留人心

28 그러므로 마땅히 노력의 활과　當執精進弓
지혜의 칼날과 날카로운 화실 쥐고　智慧鋒利箭

바른 생각의 겹 갑옷 입고 被正念重鎧
다섯 가지 탐욕과 결전하여라. 決戰於五欲

29 차라리 뜨거운 쇠창으로써 寧以熱鐵槍
두 눈을 찔러 뚫는 경우가 있어도 貫徹於雙目
애욕심으로써 不以愛欲心
여자를 보지 않아야 하느니라. 而觀於女色

30 애욕은 그 마음을 미혹시켜 愛欲迷其心
여색에 홀려 빠지게 하나니 眩惑於女色
어지러운 생각으로 목숨 마치면 亂想而命終
반드시 세 가지 나쁜 길에 떨어지느니라. 必墮三惡道

31 그러므로 나쁜 길의 괴로움을 두려워해 畏彼惡道苦
여자들의 속임을 받지 않아야 하느니라. 不受女人欺
근을 경계에 매지도 말고 根不繫境界
경계에 근을 매지도 말라 境界不繫根

32 그 가운데서 생기는 탐욕은 於中貪欲想
근이 경계에 매이기 때문이니라. 由根繫境界

마치 두 마리 밭가는 소는 猶如二耕牛
한 멍에 한 굴레에 매인 것 같으니라 同一軛一鞅

33 소가 서로를 매지 않으며 牛不轉相縛
근과 경계도 또한 그러하나니 根境界亦然
그러므로 마땅히 마음을 다스려 是故當制心
함부로 제 뜻대로 놀게 하지 마라라.' 勿令其放逸

34 부처님께서 비구들 위하여 佛爲諸比丘
가지가지로 설법해 미치시자 種種說法已
그 암바파알리 여자가 彼菴摩羅女
점점 세존 앞에 다가왔습니다. 漸至世尊前

35 그는 부처님이 나무 밑에 앉으셔서 見佛坐樹下
고요히 선정에 드신 것 보고 禪定靜思惟
'부처님께서 크게 가엾어 하는 마음으로써 念佛大悲心
나의 동산 숲을 받으시리라' 고 생각했습니다. 哀受我樹林

36 단정한 마음으로 태도를 단속하며 端心斂儀容
본디 요염함 버리고 감정을 다스리고 止素妖冶情

공경하는 모습으로 순수하고 지극한 마음으로　恭形心純至
머리를 조아려 발에 대며 예배했습니다.　稽首接足禮

37 세존은 앉으라고 말씀하시고　世尊命令坐
마음에 알맞게 설법하셨습니다.　隨心爲說法

38 '그대의 마음 이미 순수하고 고요하며　汝心已純靜
덕스러운 모습은 밖으로 드러났으며　表徹外德容
젊은 나이에 재물은 풍부하며　壯年豊財寶
덕을 갖추고 좋은 얼굴 겸했구나.　備德兼姿顏

39 바른 법을 믿고 좋아 할 수 있으면　能信樂正法
이것은 세상에서 어려운 일이니라.　是則世之難
장부의 묵은 지혜 가졌으면　丈夫宿智慧
법을 즐기는 것은 기특한 일 아니네.　樂法非爲奇

40 그러나 여자는 정과 뜻이 약하고　女人情志弱
지혜는 옅고 애욕은 깊은데도　智淺愛欲深
그러나 바른 법을 좋아 할 수 있다면　而能樂正法
이것은 그야말로 매우 어려우니라.　此亦爲甚難

41 사람이 이 세상에 태어났으면	人生於世間
법을 스스로 좋아해야 하느니라.	唯應法自娛
재물과 색은 항상한 보배 아니요	財色非常寶
오직 바른 법만이 보배가 되느니라.	唯正法爲珍
42 좋은 건강은 병으로 무너지고	强良病所壞
젊음은 늙음으로 변하게 되며	小壯老所遷
목숨은 죽음으로 곤란함을 받지만	命爲死所困
수행한 법만은 침탈할 수 없느니라.	行法無能侵
43 사랑하는 것은 떠나지 않는 것 없고	所愛莫不離
사랑하지 않으며 억지로 만나거나	不愛而强隣
구하는 것 뜻대로 되지 않지만	所求不隨意
오직 법만은 마음을 따르느니라.	唯法爲從心
44 남의 힘은 큰 고통 되고	他力爲大苦
자유로운 힘은 큰 기쁨 되고	自在力爲歡
여자는 모두 남의 힘 의지하고	女人悉由他
겸하여 남의 자식 갖는 고통 있네.	兼懷他子苦
그러므로 마땅히 깊이 생각해	是故當思惟

여자 몸을 싫어해 떠나야 하느니라.' 厭離於女身

45 그 암바파알리 여자 彼菴摩羅女
법을 듣자 마음은 기뻤고 聞法心歡喜
굳건한 지혜는 더욱 밝아져 堅固智增明
애욕을 끊을 수 있었습니다. 能斷於愛欲

46 곧 스스로 여자 몸 싫어하고 卽自厭女身
또한 경계에도 물들지 않아 不念於境界
비록 더러운 꼴 부끄러워했으나 雖恥於陋形
법의 힘이 그 마음을 움직였습니다. 法力勸其心

47 머리를 조아리며 부처님께 여쭈었습니다. 稽首而白佛
'이미 세존께서 섭수하심을 받았나이다. 已蒙尊攝受
내일 저의 공양을 받아 주셔서 哀受明供養
저희 뜻과 소원 가득 차게 하여주소서.' 令滿其志願

48 부처님께서 그의 정성된 마음 아시고 佛知彼誠心
겸하여 모든 중생 이익하게 하기 위해 兼利諸群生
잠자코 그의 초청을 받아 주셔서 默然受其請

그로 하여금 기뻐하게 하셨습니다. 令則隨歡喜

49 그 여자는 눈과 귀가 더욱 밝아져 視聽轉增明
예배하고 집으로 돌아갔습니다. 作禮而還家

불소행찬 5권

비록 나와 서로 멀리 있어도
법을 수행하면 내게 가까웁고
함께 있어도 법을 따르지 않으면
내게서 멀리 떠남인 줄 알아라.

23
신력으로써 사신 석 달

1 그 때에 바이샤알리의	爾時鞞舍離
모든 이차비 장자들은	諸離車長者
세존께서 그 나라에 오셔서	聞世尊入國
암바파알리 농산에 계신다는 말을 들었습니다.	住菴摩羅園
2 어떤 이는 흰 수레를 타고	有乘素車輿
흰 일산에 흰 옷을 입고	素蓋素衣服
어떤 이는 파랑과 빨강과 노랑의 빛깔	青赤黃綠色
그들의 차림새는 제각기 달랐습니다.	其衆各異儀
3 경호원이 앞뒤에서 인도하며	羽從前後導
서로 빨리 가려고 추월하고	爭塗競路前
하늘 관에 화려한 옷 입고	天冠袞華服
보배로 꾸미고 장엄했습니다.	寶飾以莊嚴

4 위엄스런 모양은 밝게 빛나니　威容盛明曜
그 동산 숲은 더욱 빛났으며　增暉彼園林
그들은 다섯 가지 위의를 버리고　除捨五威儀
수레에서 내려 걸었습니다.　下車而步進

5 교만을 쉬고 형용은 공손히　息慢而形恭
부처님 발에 머리 대어 절했는데　頂禮於佛足
대중들이 부처님을 에워쌌으니　大衆圍繞佛
마치 햇무리의 둥근 빛과 같았습니다.　如日重輪光

6 이차비 중에 사자라는 이 있어　離車名獅子
그는 모든 이차비의 좌장으로　爲諸離車長
덕스러운 얼굴은 사자와 같고　德貌如獅子
그 벼슬은 사자왕의 신하지만　位居獅子臣
사자의 교만을 소멸하여 제거하고　滅除獅子慢
샤캬족 사자의 가르침을 받았습니다.　受誨釋獅子

7 '그대들은 큰 위엄과 덕망 지니고　汝等大威德
이름난 종족 아름다운 풍챈데　名族美色容
능숙하게 이 세상의 교만 버리고　能除世憍慢

법을 받음으로써 밝음을 더하는구나.	受法以增明
8 재물과 이성과 향과 꽃의 장식도	財色香花飾
계율의 장엄과 같지 못하며	不如戒莊嚴
나라가 풍족하고 안락함이	國土豊安樂
오직 그대들의 영화일 뿐이오.	唯以汝等榮
9 몸이 영화롭고 백성을 편안하게 함은	榮身而安民
마음을 조복하고 제어함에 있으니	在於調御心
법을 좋아하는 마음을 더하면	加以樂法情
덕은 갈수록 더욱 높아질 게요.	令德轉崇高
10 땅이 척박해도 사람들이 비루하지 않으면	非薄土群鄙
여러 어진 이 잘 모이나니	而能集衆賢
반드시 날마다 덕을 새롭게 하고	當日新其德
만백성을 어루만지며 먹여 살리되	撫養於萬民
대중을 밝고 바름으로써 지도하기	導衆以明正
마치 소가 나루를 건너듯 하시오.	如牛王涉津
11 만약 사람이 스스로	若人能自念

이 세상과 뒷세상을 염려할 수 있거든	今世及後世
오직 반드시 바른 계율을 지키시오.	唯當脩正戒
행복하고 이로우며 두 세상이 편안하오.	福利二世安
12 여러 사람들에게 존경 받게 되며	爲衆所敬重
좋은 명예 두루 퍼지고	名稱普流聞
어진 이들이 벗이 됨을 좋아하니	仁者樂爲友
덕이 퍼짐은 영원하여 경계가 없소.	德流永無疆
13 산림과 보배와 구슬과 보석	山林寶玉石
모두 다 땅에서 생기고	皆依地而生
계율 지킨 덕 역시 땅과 같아서	戒德亦如地
온갖 선행이 거기서 생긴다오.	衆善之所由
14 날개 없이 허공에 오르려 하고	無翅欲騰虛
강 건널 때 좋은 배 없는 것처럼	渡河無良舟
사람으로서 계율의 덕이 없으면	人而無戒德
괴로움을 건너는 일 진실로 없소.	濟苦爲實難
15 나무에 아름다운 꽃과 튼실한 열매 열려도	如樹美花果

가시 있어 휘어잡기 어려운 것처럼 針刺難可攀
많이 알고 잘 생기고 힘이 강해도 多聞美色力
계율을 안 지키는 이 또한 그러하다오. 破戒者亦然

16 훌륭한 궁전에 단정히 앉아 端坐勝堂閣
왕의 마음은 스스로 장엄하고 王心自莊嚴
깨끗한 계율의 공덕 갖추어 淨戒功德具
큰 선인의 가르침 따라 변화 하시오. 隨大仙而化

17 염색 옷 입었거나 명품을 입었거나 染衣服毛羽
상투를 했거나 머리 깎았거나 螺髻剃鬚髮
계율의 덕을 키워가지 못하면 不脩於戒德
방편만으로 온갖 고통 건너기 어렵소. 方涉衆苦難

18 하루에 세 번씩 목욕하거나 日夜三沐浴
불을 받들고 고행하거나 奉火修苦行
몸을 남겨 더러운 짐승에게 주거나 遺身穢野獸
물이나 불이나 절벽에 몸 던지거나 赴水火投巖

19 과일 먹고 풀뿌리를 씹거나 食菓餌草根

바람을 마시고 갠지스 물마시거나 　吸風飮恒水
기를 마시고 단식을 하거나 해도 　服氣以絶糧
바른 계율을 멀리하면 　遠離於正戒

20 그것은 짐승의 도 익힘이라 　習斯禽獸道
바른 법의 그릇이 될 수 없소. 　非爲正法器
계율을 깨뜨려 비방을 초래하면 　毁戒招誹謗
어진 사람은 그런 처소 가까이 않소. 　仁者所不親

21 마음에는 언제나 두려움 품으시오 　心常懷恐怖
악명은 그림자와 같아 몸을 따르오. 　惡名如影隨
현세에 조금도 이익이 없는데 　現世無利益
뒷세상에 어떻게 편안함을 얻겠소. 　後世豈獲安

22 그러므로 지혜로운 지식인들은 　是故智慧士
반드시 청정하게 계율을 지킨다오. 　當修於淨戒
나고 죽음의 광야에서 　於生死曠野
계율은 제일 뛰어난 선생이오. 　戒爲善導師

23 계율을 지킴은 본인이 힘쓰기에 달렸으니 　持戒由自力

그것은 곧 하기 어려운 게 아니오. 此則不爲難
청정하게 계율을 지키면 사다리가 생기나니 淨戒爲梯蹬
사람이 타고서 하늘에 오르오. 令人上昇天

24 청정하게 계율을 지키는 이가 建立淨戒者
이런 과정 경유해야 번뇌가 적어지오. 斯由煩惱微
파계한 모든 허물이 마음을 깨뜨리므로 諸過壞其心
좋은 공덕을 상실하게 하오. 喪失善功德

25 먼저 '나다' '내 것' 이란 생각을 버리시오 先當離我所
'나다' '내 것' 이란 생각이 모든 선법을 덮소. 我所覆諸善
마치 재가 불을 덮고 있을 때 猶灰覆火上
발로 밟아 뜨거움 깨닫는 것같소. 足蹈而覺燒

26 교만이 마음을 덮어 버리면 憍慢覆其心
마치 해가 먹구름에 숨은 것같소. 如日隱重雲
게으름은 부끄러운 마음을 소멸시키고 慢怠滅慚愧
근심과 슬픔은 강한 뜻을 약하게 하오. 憂悲弱强志
늙음과 병은 건강한 자태 부수고 老病壞壯容
아만은 모든 선법을 소멸시키오. 我慢滅諸善

27 모든 하늘의 아수라들은 諸天阿修羅
탐욕과 질투로써 싸움을 일으켜 貪嫉興諍訟
모든 공덕을 다 상실하는데 喪失諸功德
죄다 아만을 경유하여 무너진다오. 悉由我慢壞

28 나는 훌륭한 가운데서 훌륭하고 我於勝中勝
나의 덕은 훌륭한 이와 같으며 我德勝者同
나를 훌륭한 이보다 모자란다고 하면 我於勝小劣
이것은 곧 어리석음 사람이니라. 斯則爲愚夫

29 물질은 죄다 항상함이 없고 色族悉無常
움직이고 흔들려 잠깐도 머물지 않아 動搖不暫停
끝에는 소멸하는 법이니 終爲磨滅法
무엇하려고 교만을 부리겠소? 何用憍慢爲

30 탐욕이란 큰 근심거리 貪欲爲巨患
거짓으로 친하나 속으로 원수 되고 詐親而密怨
사나운 불은 안에서 생기니 猛火從內發
탐욕의 불도 또한 그러하오. 貪火亦復然

31 탐욕의 불길이 왕성하게 탐
이 세간의 불보다 더 심하고
불길이 왕성해도 물로써 끌 수 있지만
탐착과 애욕은 물로도 끌 수 없소.

貪欲之熾然
甚於世界火
火盛水能滅
貪愛難可消

32 사나운 불이 넓은 들을 태울 때
풀이 다 타도 다시 살아나지만
탐욕의 불길이 마음 태우면
바른 법은 생기기 어렵소.

猛火焚曠野
草盡還復生
貪欲火焚心
正法生則難

33 탐욕으로써 세상 쾌락 구하지만
쾌락은 깨끗하지 못한 업만 더하고
나쁜 업은 나쁜 길에 떨어지게 하니
원수는 탐욕보다 더한 것없소.

貪欲求世樂
樂增不淨業
惡業墮惡道
怨無過貪欲

34 탐욕은 바로 애정을 생기게 하고
애정은 바로 모든 욕망을 익히며
익힌 욕망은 온갖 고통 부르니
가장 나쁜 악은 탐욕보다 더한 것없소.

貪則生於愛
愛則習諸欲
習欲招衆苦
尤惡無過貪

35 탐욕이 바로 큰 병이지만 貪則爲大病
슬기로운 약이 우부의 악을 그치게 하나 智藥愚夫止
삿된 깨달음은 바른 생각 못하고 邪覺不正思
능숙하게 탐욕을 증장시키게 할 수 있소. 能令貪欲增

36 덧없고 괴로움은 깨끗하지 못해 無常苦不淨
'나' 도 없고 또한 '내 것' 도 없소. 無我無我所
지혜로써 진실하게 식별하면 智慧眞實觀
그 삿된 탐욕 소멸할 수 있소. 能滅彼邪貪

37 그러므로 모든 경계에 대해 是故於境界
진실한 식별을 해야 하나니 當修眞實觀
진실한 식별이 생긴 뒤에라야 眞實觀已生
탐욕에서 해탈을 얻소. 貪欲得解脫

38 덕을 보거든 탐욕을 내고 見德生貪欲
허물을 보거든 성냄을 일으키시오. 見過起瞋恚
그런 뒤 덕과 허물 한꺼번에 잊으면 德過二俱忘
탐욕과 성냄이 없어지지요. 貪恚得除滅

39 성냄은 본래 얼굴 변하게 하여 | 瞋恚改素容
단정한 빛을 무너뜨릴 수 있으며 | 能壞端正色
성냄은 밝은 눈을 어둡게 하여 | 瞋恚翳明目
법의 뜻을 듣고자 함까지 해치오. | 害法義欲聞

40 친하고 사랑하는 의리 끊으면 | 斷絶親愛義
세상의 천대와 업신여김 받나니 | 爲世所輕賤
그러므로 마땅히 성냄을 버리고 | 是故當捨恚
분해 하는 마음을 따르지 마소. | 勿隨於瞋心

41 미치고 성낸 마음 잘 제거함 | 能除狂恚心
그것을 훌륭한 마부라 명명하고 | 是名善御者
세상에서 일컫는 좋은 조련사 | 世稱善調駟
그것을 마부라 하지요. | 是爲攝繩客

42 마음대로 성내고 참지 못하면 | 縱恚不自禁
근심과 후회하는 불 따라 타리라. | 憂悔火隨燒
만일 사람이 성냄을 일으키면 | 若人起瞋恚
먼저 스스로 자기 마음 태우고 | 善自燒其心
그런 뒤 남을 태우되 | 然後加於彼

혹은 타거나 혹은 타지 않기도 하지. 或燒或不燒

43 나고 늙고 죽는 고통 生老病死苦
중생을 핍박하거늘 逼迫於衆生
거기에 다시 성냄의 해를 더하면 復加於恚害
많은 원한에 다시 원한 더 하는 것 多怨復增怨

44 세상의 온갖 고통 핍박함을 당하거든 見世衆苦迫
마땅히 자비스런 마음 일으키시오. 應起慈悲心
중생이 번뇌를 일으키는 것 衆生起煩惱
더하고 줄임 한량없는 차이요. 增微無量差

45 여래는 지금 좋은 방편으로써 如來善方便
병을 따라 간략히 설명했으니 隨病而略說
마치 이 세상의 좋은 의사가 譬如世良醫
그 병을 따라 약을 주는 것 같소.' 隨病而投藥

46 그 때에 그 모든 이차비들 爾時諸離車
부처님께서 설법하시는 말씀을 듣고 聞佛所說法
바로 일어나 부처님 발에 예배하고 卽起禮佛足

기뻐하면서 공손히 받들었습니다. 歡喜而頂受

47 그리고 그들은 부처님과 그 대중들에게 請佛及大衆
내일 '공양을 올리겠다.' 고 간청했습니다. 明日設薄供
부처님은 모든 이차비에게 佛告諸離車
'이미 암바파알리가 초청했다.' 고 말씀하시자 菴摩羅已請

48 모든 이차비들은 애석히 여겨 離車懷感愧
어찌 우리 이익을 빼앗느냐고 彼何奪我利
그러다가 부처님의 평등한 마음 알고 知佛心平等
따라서 기뻐하는 마음을 일으켰습니다. 而起隨喜心

49 여래께서는 마땅함을 따라 如來善隨宜
위로하여 그 마음 기쁘게 하여 安慰令心悅
조복시키고 교화하셔서 완전히 伏化純熟歸
익숙하게 만들자 돌아갔는데
마치 뱀이 엄한 주문을 따르는 것같았습니다. 如蛇被嚴呪

50 밤이 지나고 먼동이 틀 때 夜過明相生
부처님은 많은 대중 거느리시고 佛與大衆俱

암바파알리 집으로 나아가 詣菴摩羅舍
그의 공양을 받으셨습니다. 受彼供養畢

51 부처님께서 다시 벨루촌에 가셔서 往詣毘紐村
거기서 여름 안거하셨습니다. 於彼夏安居
석 달 안거를 마치신 뒤에 三月安居竟
다시 바이샤알리로 돌아가셔서 復還鞞舍離

52 잔나비못 가에 머무시며 住獼猴池側
고요히 혼자 숲 속에 앉아 坐於林樹間
큰 광명을 두루 놓아 普放大光明
악마 파피야스를 감동시켰습니다. 以感魔波旬

53 그는 부처님 계신 곳에 와서 來詣於佛所
합장하고 간청하는 말씀드렸습니다. 合掌勸請言
'옛날 이란자나 강가에서 昔尼連禪側
이미 세운 진실한 서원 중요하십니다. 已發眞實要

54 '내가 할 일을 마친 뒤에는 我所作事畢
반드시 니르바나에 들리라.' 고 當入於涅槃

이제는 할 일을 이미 마치셨으니	今所作已作
반드시 본심대로 실천하셔야 합니다.'	當遂於本心

55 그 때에 부처님께서 파피야스에게	時佛告波旬
'멸도할 때는 멀지 않았다.	滅度時不遠
지금부터 앞으로 석 달이 차면	却後三月滿
당연히 니르바나에 들어가리라.'	當入於涅槃

56 그 때에 그 악마는 여래께서 이미	時魔知如來
멸도하실 시기가 있음을 알고	滅度已有期
그 마음 이미 만족한지라	情願旣已滿
기뻐하며 천궁으로 돌아갔습니다.	歡喜還天宮

57 여래께서는 나무 밑에 고요히 앉아	如來坐樹下
선정에 드셔서	正受三摩提
업의 갚음으로 받은 목숨 버리고	放捨業報壽
신력으로 목숨을 유지하고 계셨습니다.	神力住命存

58 여래께서 목숨을 버리시니	以如來捨壽
대지는 두루 진동했고	大地普震動

시방의 모든 허공 경계는　　十方虛空境
두루두루 큰불이 타고　　周遍大火然

59 수미산의 꼭대기는 무너지고　　須彌頂崩頹
하늘에서도 조약돌이 날며　　天雨飛礫石
거센 바람은 사방에서 일어나　　狂風四激起
나무들은 모두 꺾이고 부러졌으며　　樹木悉摧折

60 하늘 음악이 만가로 바뀌니　　天樂發哀聲
하늘 사람들은 기쁨을 잊었으며　　天人心忘歡
부처님께서 선정에서 일어나　　佛從三昧起
모든 대중들에게 말씀하셨습니다.　　普告諸衆生

61 '나는 이미 목숨을 버렸으나　　我今已捨壽
선정의 힘으로써 몸을 보존하지만　　三昧力存身
몸은 이미 썩은 수레와 같아　　身如朽敗車
다시 가고 올 인연이 없노라.　　無復往來因
이미 세 세계를 벗어났으니　　已脫於三有
새가 껍질 깨고 나온 것같으니라.'　　如鳥破卵生

24
이차비를 떠나시다

1 존자 아난다는 尊者阿難陀
천지가 두루 진동함을 보고 見地普天動
마음으로 놀라 몸의 털이 일어서니 心驚身毛豎
'무슨 인연입니까?' 라고 부처님께 여쭈었습니다. 問佛何因緣

2 부처님께서 아난다에게 말씀하셨습니다. 佛告阿難陀
'내가 석 달 동안만 더 살고 我住三月壽
남은 목숨의 행위를 다 버리려하니 餘命行悉捨
그러므로 땅이 크게 흔들렸느니라.' 是故地大動

3 아난다는 부처님 말씀을 듣고 阿難問佛教
슬퍼서 눈물을 줄줄이 흘리니 悲感淚交流
마치 저 힘센 코끼리 猶如大力象
찬다나 나무를 잡아 흔들며 搖彼栴檀樹

빨래 짜듯 결대로 나무를 짜면 　　擾動理迫迮
향기로운 즙이 흘러내림 같았습니다. 　　香汁淚流下

4 '친절하시고 진중하신 큰 스승님 높은 분 　　親重大師尊
은혜 깊은데 아직 탐욕 떠나지 못했습니다. 　　恩深未離欲
오직 네 가지 일 때문에 　　惟此四事故
슬픔과 괴로움을 견딜 수 없습니다. 　　悲苦不自勝

5 저는 지금 세존께서 　　我今聞世尊
열반하시기로 결정하신 일깨움을 듣고 　　涅槃決定教
온 몸은 모두 맥이 풀려 　　擧體悉萎消
방위를 잃고 목소리는 변하며 　　迷方失常音
들었던 법은 모조리 잊고 　　所聞法悉忘
어지럽고 놀라와 천지를 잃은 듯합니다. 　　荒悖忘天地

6 괴상합니다. 구세주이시여! 　　怪哉救世主
열반하심이 어찌 이와 같이 빠르십니까? 　　滅度一何駛
찬물에 빠져 죽음이 어른어른 하는데 　　遭寒水垂死
불을 만났으나 어느새 꺼지고 　　遇火忽復滅

7 번뇌의 넓은 들에서	於煩惱曠野
방위를 잃고 해맬 때	迷亂失其方
문득 훌륭한 길잡이 만났으나	忽遇善導師
아직 건너지 아니했는데 다시 잃고	未度忽復失
8 마치 사람이 넓은 사막 걸어갈 때	如人涉長漠
덥고 목마른데 물이 없다가	熱渴久乏水
맑고 시원한 우물 만났지만	忽遇淸凉池
달려가자 그 물이 말라 버린듯하고	奔趣悉枯渴
9 검푸른 눈썹 조용한 눈동자는	紺睫瞪睛目
삼세의 일을 훤히 보셨고	明鑑於三世
슬기로 짙은 어둠 비추실 때	智慧照幽冥
어둠은 얼마나 빨리 없어졌습니까?	昏冥一何速
10 이것은 마치 가문 땅에 싹 뿌리고	猶如旱地苗
구름이 모여 비를 바라지만	雲興仰希雨
사나운 바람에 구름 걷혀	暴風雲速滅
절망하며 빈 밭을 지키는 것같습니다.	望絶守空田

11 지혜가 없는 큰 어둠 속에서	無智大闇冥
중생들 모두 방위 잃었을 때	群生悉迷方
여래께서 슬기의 등불을 켜셨으나	如來燃慧燈
갑자기 꺼지면 헤어날 길 없습니다.'	忽滅莫由出
12 여래께서 아난다가 슬퍼하고	佛聞阿難說
가슴 아파 간절하게 하소연하는 말씀을 듣고	酸訴情悲切
부드러운 말로써 위로하시며	軟語安慰言
그를 위해 진실한 설법하셨습니다.	爲說眞實法
13 '만일 사람이 그 자성을 알면	若人知自性
근심과 슬픔에 매이지 않는다.	不應處憂悲
일체 모든 형상이 있는 물체는	一切諸有爲
죄다 소멸되는 법이니라.	悉皆磨滅法
14 나는 이미 너에게 말했노라.	我已爲汝說
'모임의 본디 성질은 별리요	合會性別離
은혜와 애정은 항상되지 않으니	恩愛理不常
슬프고 연연하는 마음을 버려야 한다.' 고	當捨悲戀心

15 유위법은 이리저리 옮겨 다니는 법 有爲流動法
생멸함이 자유롭지 않으므로 生滅不自在
비록 영원히 존재하려 해도 欲令長存者
끝까지 존재할 수 없느니라. 終無有是處

16 유위법이 만약 영원히 존재한다면 有爲若常存
변천할 이유가 없고 無有遷變者
영원이 존재하면 바로 해탈인데 此則爲解脫
무엇을 다시 구하겠느냐? 於何而更求

17 너와 나머지 중생들 汝及餘衆生
지금 나한테 무엇을 구하느냐? 今於我何求
너희들이 마땅히 얻어야 할 것 汝等所應得
나는 이미 다 말했느니라. 我以爲說竟

18 나의 이 몸을 무엇에 사용하려느냐? 何用我此身
묘한 법신은 언제나 존재하여 妙法身長存
나는 나의 적정에 머무니 我住我寂靜
중요함은 오직 여기에만 있느니라. 所要唯在此

19 그러나 나는 중생들에 대하여 然我於衆生
일찍 게을리 한 적이 없느니라. 未曾有所惰
마땅히 싫어하고 떠날 생각을 내어 當修厭離想
저만의 섬에 잘 머물러야 하느니라. 善住於自洲

20 마땅히 알라. 스스로의 섬이란 當知自洲者
알뜰하고 부지런한 방편으로써 專精勤方便
혼자 고요히 한가하게 삶이니 獨靜脩閑居
남의 믿음을 따르지 않음이니라. 不從於他信

21 마땅히 알라 스스로의 섬이란 當知法洲者
결정된 밝은 슬기의 등불로써 決定明慧燈
어리석음의 어두움을 잘 없애고 能滅除癡闇
네 가지 경계를 두루 식별해 觀察四境界
훌륭한 법을 얻어서 逮得於勝法
'나' 도 떠나고 '내 것' 도 떠남이니라. 離我離我所

22 뼈와 줄기에 가죽과 살 바르고 骨幹皮肉塗
피로 물대고 힘줄로 묶었으니 血澆以筋纏
자세히 식별하면 모두가 부정한 것 諦觀悉不淨

어떻게 이 몸을 좋아 하겠느냐? 云何樂此身

23 모든 느낌은 인연을 따라 생기는 것 諸受從緣生
마치 물위의 거품 같아서 猶如水上泡
나고 소멸하고 덧없는 괴로움 生滅無常苦
즐겁다는 생각 멀리 떠나라. 遠離於樂想

24 심식은 나고 머무르고 옮기고 소멸하여 心識生住滅
새롭고 새로워 잠깐도 머물지 않으니 新新不暫停
적멸에 대해 생각해 보면 思惟於寂滅
항상하단 생각은 영원히 이미 어긋나느니라. 常想永已乖

25 여러 행은 인연으로 일어나 衆行因緣起
모였다 흩어졌다 항상 함께 있지 않는데 聚散不常俱
어리석은 사람은 나라는 생각을 내고 愚癡生我想
슬기로운 이는 '내 것은 없다.' 고 하느니라. 慧者無我所

26 이 네 가지 경계에 대해 於此四境界
생각하고 바르게 식별하라. 思惟正觀察
이것이 곧 일승의 길이니 此則一乘道

온갖 괴로움을 모두 소멸하느니라. 衆苦悉皆滅

27 만약 여기에 머물 수 있어 若能住於此
진실하고 바르게 식별한다면 眞實正觀者
불신이야 있든지 없든지 佛身之存亡
이 법신은 항상하여 다함이 없느니라.' 此法常無盡

28 부처님께서 이 오묘한 법 말씀하셔서 佛說此妙法
아난다를 위로하실 때에 安慰阿難時
모든 이차비들은 그 말씀을 듣고 諸離車聞之
황당하고 두려워 모두 와서 모였습니다. 惶怖咸來集

29 그들은 속된 태도 모두 버리고 悉捨俗威儀
부처님 계신 곳에 달려와 驅馳至佛所
예배 마치고 한쪽에 앉아 禮畢一面坐
물을 일 있었으나 말하지 못했습니다. 欲問不能宣
부처님께서 이미 그 마음 아시고 佛已知其心
역으로 방편설법 하셨습니다. 逆爲方便說

30 '내가 지금 그대들을 관찰하니 我今觀察汝

마음에 이상하단 생각 있구나! 心有異常想
세속의 인연들은 버림에 힘쓰고 放捨俗緣務
오직 법만 생각함으로써 뜻을 삼아라. 唯念法爲情

31 그대들은 지금 나에게 汝今欲從我
묻고 싶고 알고 싶겠지만 所聞所知者
내가 목숨을 마치는 때에 於我存亡際
부디 근심하거나 슬퍼하지 말라. 愼莫生憂悲

32 항상함이 없는 형상 있는 성질은 無常有爲性
성급하게 움직이고 변하고 바뀌는 법 躁動變易法
견고하지도 않고 이익되지 않으면서 不堅非利益
오래 머무는 모양이 없느니라. 無有久住相

33 옛날의 모든 선왕 古昔諸仙王
바시스타 같은 선인과 婆私陀仙等
만다트리 전륜성왕 같은 분들 曼陀轉輪王
그들의 수도 또한 적지 않았느니라. 其比亦衆多

34 그러한 모든 훌륭한 조상들 如是諸先勝

그 힘은 자재천신과 같았지만　力如自在天
그들도 모두 이미 없어져　悉已久磨滅
어느 하나 지금 산 사람 없느니라.　無一存於今

35 해와 달 샤크라 천왕　日月天帝釋
그 수도 또한 많았지만　其數亦甚衆
그들도 모두 지금은 없어져　悉皆歸磨滅
영원히 사는 것없었느니라.　無有長存者

36 과거 세상의 모든 부처님들　過去世諸佛
그 수는 갠지스 강변의 모래 같고　數如恒邊沙
지혜는 온 세간 비추었으나　智慧照世間
모두 다 등불처럼 소멸하셨느니라.　悉皆如燈滅

37 미래 세상의 모든 부처님들　未來世諸佛
장차 소멸하심도 또한 그러하거니　將滅亦復然
나만 지금 어찌 홀로 다르랴　我今豈獨異
마땅히 니르바나에 들어야 하느니라.　當入於涅槃

38 저기는 제도해야 할 이 있거니　彼有應度者

이제 마땅히 앞으로 나아가리라. 今宜進前行
바이샤알리는 쾌락한 곳 毘舍離快樂
그대들은 우선 스스로를 편안하게 하여라. 汝等且自安

39 세간은 의지하고 믿을 것없어 世間無依怙
삼계는 만족한 환희가 없으니 三界不足歡
근심하고 슬퍼하는 괴로움 그치고 當止憂悲苦
탐욕을 떠날 마음 내어야 하느니라.' 而生離欲心

40 결단하시고 길이 이별하신 뒤에 決斷長別已
북방에 계셔서 유세하시며 而遊於北方
느릿느릿 먼 길을 걸어가시니 靡靡涉長路
마치 해가 서산에 기우는 것같았습니다. 如日傍西山

41 그 때에 모든 이차비들은 爾時諸離車
슬피 탄식하고 길을 따르며 悲吟逐路隨
하늘을 우러러 서러워하고 탄식했습니다. 仰天而哀歎
'아아, 얼마나 괴이한 일인가! 嗚呼何怪哉

42 몸은 마치 진금산 같으시고 形如眞金山

온갖 상호 장엄을 갖추셨는데	衆相具莊嚴
장차 머지않아 무너지려 하시는구나!	不久將崩壞
덧없음은 어찌하여 자비심도 없는가!	無常何無慈
43 나고 죽음에 오래 목말랐는데	生死久虛渴
여래는 지혜의 어머님	如來智慧母
지금 갑자기 우리들을 버리려 하시네.	而今頓放捨
구세주 안 계신 괴로움을 어떻게 할까!	無救苦奈何
44 중생은 오랫동안 어둠 속에 있으면서	衆生久闇冥
밝은 등불을 빌려야 길을 가거니	假明慧以行
어찌하여 그 지혜의 해는	如何智慧日
갑자기 그 빛을 감추려 하시는가?	忽然而潛光
45 지혜 없음은 빠른 흐름이 되어	無智爲迅流
모든 중생을 띄워서 흘려보내니	漂浪諸衆生
어찌하여 이 법의 다리는	如何法橋梁
하루아침에 문득 끊어지려 하는가?	一旦忽然摧
46 자비스러운 큰 의왕은	慈悲大醫王

위없는 지혜의 좋은 약으로써 無上智良藥
중생의 괴로움을 치료하셨는데 療治衆生苦
어찌하여 갑자기 멀리 가시는가? 如何忽遠逝

47 자비의 오묘한 하늘 깃발 慈悲妙天幢
지혜로써 장엄하고 智慧以莊嚴
금강심으로써 얽매어 金剛心絞絡
세간은 보고 보아도 싫어하지 않았는데 世間觀無厭

48 살펴 제사하는 곳의 장엄하고 훌륭한 깃대 伺祀嚴勝幢
어찌하여 하루아침에 무너지려 하는가? 云何一旦崩
중생은 얼마나 복이 엷기에 衆生何薄福
나고 죽는 흐름에 헤매어 도는가? 輪廻生盡流

49 해탈의 문 갑자기 닫으려 하시니 解脫門忽閉
긴 고통에서 벗어날 기약이 없네. 長苦無出期
여래께서는 잘 편안케 위로하시더니 如來善安慰
정을 베고 영원히 하직하시네.' 割情而長辭

50 마음을 억제하여 슬픔과 그리움 참음이 制心忍悲戀

시든 카루니카라꽃 같고	如萎迦尼花
주저주저하고 또 느릿느릿하며	徘徊而遲遲
원망하며 길을 따라 돌아가는데	悵怏隨路行
마치 그 어버이 잃은 사람이	如人喪其親
장사 치르고 돌아가는 모습과 같았습니다.	葬畢長訣還

25
반열반에 드시며

1 부처님께서 열반하실 곳에 이르시자 | 佛至涅槃處
바이샤알리는 텅 비고 쓸쓸하기 | 鞞舍離空虛
마치 밤에 구름 끼고 어두워 | 猶如夜雲冥
별과 달이 그 광명 잃은 듯했습니다. | 星月失光明

2 그 나라 이전에는 안락했으나 | 國土先安樂
지금에는 갑자기 시들고 여위어 | 而今頓凋悴
마치 사랑하는 아버지 잃은 | 猶如喪慈父
외로운 딸이 홀로 슬퍼함과 같습니다. | 孤女常獨悲

3 단정하나 학식이 없고 | 如端正無聞
총명하나 덕이 없으며 | 聰明而薄德
마음으로 말 잘하나 입은 어눌하고 | 心辯而口吃
지혜는 밝으나 재주가 모자라며 | 明慧而乏才

4 신통은 있으나 위의가 없고 神通無威儀
자비심은 허위요 慈悲心虛僞
높고도 훌륭하나 힘이 없으며 高勝而無力
위의는 있으나 법이 없는 것처럼 威儀而無法

5 바이샤알이도 또한 그러해 鞞舍離亦然
본시 영화로웠으나 지금은 초췌해 素榮而今悴
마치 저 가을 밭 모종이 猶如秋田苗
물기 잃고 다 말라 시듦과 같았습니다. 失水悉枯萎

6 혹은 불을 꺼 연기를 소멸하고 或斷火滅煙
혹은 밥을 앞에 놓고 먹기 잊으며 或對食忘飡
공사의 일들 모두 폐하고 悉廢公私業
모든 세속 인연을 짓지 않았으며 不修諸俗緣
다만 부처님을 생각해 깊은 은혜를 느끼나 念佛感恩深
모두 입 다물고 말하지 못했습니다. 默默各不言

7 그 때에 그 사자 이차비는 時獅子離車
근심과 슬픔을 억지로 참으며 强忍其憂悲
울 듯 울 듯 슬픈 소리를 내어 垂泣發哀聲

못내 그리는 마음 나타내었습니다. 以表眷戀心

8 '모든 사특한 길 부수고 깨뜨려 破壞諸邪徑
올바른 법을 드러내셨으며 顯示於正法
모든 이교도들 이미 항복 받았으나 已降諸外道
끝내 가시고 다시는 돌아오시지 않겠지? 遂往不復還

9 세상은 절망하고 세상의 길 이탈하니 世絶離世道
덧없음은 곧 큰 병 無常爲大病
세존께서 지금 반열빈에 드신다면 世尊入大寂
의지할 데도 없고 구세주도 계시지 않겠지? 無依無有救

10 방편이 가장 훌륭하고 높은 분 方便最勝尊
광명을 감추시니 끝난 곳 潛光究竟處
우리는 이제 굳센 뜻을 잃었으니 我等失强志
마치 불에 연료를 끊은 것같습니다. 如火絶其薪

11 세존은 세상의 음덕을 버리셨으니 世尊捨世蔭
중생들이 못내 불쌍합니다. 群生心可悲
마치 사람이 신력을 잃은 듯 如人失神力

온 세상 함께 그 일을 서러워합니다. 擧世共哀之

12 더위를 피해 시원한 못에 들고 逃暑投涼池
추위를 만나 불을 의지했더니 遭寒以憑火
하루아침에 모두 텅 비고 보면 一旦悉廓然
중생들은 어디로 돌아가야 합니까? 群生何所歸

13 특별하고 훌륭한 법 밝게 통달하신 通達殊勝法
그 분 이 세상의 도주사이셨는데 爲世陶鑄師
이제 세간에는 주재할 분 잃었으니 世間失宰主
사람이 죽으면 도는 바로 없어집니다. 人喪道則亡

14 늙음과 병과 죽음에 자유자재 하시더니 老病死自在
참도는 없어지고 비도가 통하여 道喪非道通
능히 큰 괴로움의 나팔을 깨뜨리니 能壞大苦機
이 세간은 그 누구와 짝한답니까? 世間何有雙

15 지극히 뜨거운 큰 불길 성해도 猛熱極焰盛
큰 비구름은 그 불길 끌 수 있지만 大雲雨令消
탐욕의 불길이 맹렬하면 貪欲火熾然

그 누가 그것을 끌 수 있습니까?　其誰能令滅

16 튼튼하고 힘세어 짐 진 분　堅固能擔者
이미 이 세상 무거운 짐 버렸사오니　已捨世重任
다시 어떤 지혜의 힘이 있어　復何智慧力
청하지 않은 벗이 될 수 있겠습니까?　能爲不請友

17 마치 저 사형을 당할 죄수가　如彼臨刑囚
죽음에 임박해 술에 취하는 것처럼　臨死而醉酒
저 중생들의 미혹한 식심은　衆生迷惑識
오직 죽음에서 생을 받을 뿐이니　惟爲死受生

18 날카로운 톱으로 재목을 켜듯　利鋸以解材
덧없음은 이 세간을 해체하며　無常解世間
어리석음의 어둠은 깊은 물 되고　癡闇爲深水
애정의 탐욕은 큰 물결 되며　愛欲爲巨浪

19 번뇌는 거기 뜨는 물거품 되고　煩惱爲浮沫
사특한 소견은 마카라 고긴데　邪見摩竭魚
오직 지혜의 배가 있어야만　唯有智慧船

이 큰 바다를 건너갈 수 있습니다. 能度斯大海

20 온갖 병은 나무의 꽃이 되고 衆病爲樹花
늙음은 그 나무의 잔가지 되며 衰老爲纖條
죽음은 그 나무의 깊은 뿌리가 되고 死爲樹深根
유의 업은 그 나무의 싹이 되지만 有業爲其芽
굳세고 날카로운 지혜의 칼은 智慧剛利刀
세 가지 유의 나무 끊을 수 있었습니다. 能斷三有樹

21 무명은 불씨인 성냥이 되고 無明爲鑽燧
탐욕은 타오르는 불꽃이 되며 貪欲爲熾焰
오욕의 경계는 그 연료인데 五欲境界薪
지혜의 물로써 그것을 끄셨습니다. 滅之以智水

22 특별하고 훌륭한 법 두루 갖추어 具足殊勝法
이미 어리석은 어둠을 깨뜨리고 已壞於癡冥
편안하고 고요한 바른 길 보시고 見安隱正路
모든 번뇌를 끝까지 벗어 나셨습니다. 究竟諸煩惱

23 자비로써 모든 중생 교화하실 때에 慈悲化衆生

미운이나 친한 이에 다른 생각 없었고 怨親無異想
일체의 지혜를 통탈하셨더니 一切智通達
이제는 그 모두를 버리셨습니다. 而今悉棄捨

24 연하고 아름답고 맑고 깨끗한 음성 軟美淸淨音
방정한 몸에 가늘고 긴 팔 方身纖長臂
그러한 큰 신선도 끝이 있으니 大仙而有邊
그 어떤 사람인들 다함이 없겠습니까? 何人得無窮

25 세월의 흐름 빠름을 깨달아 當覺時遷速
반드시 힘써 바른 법을 구하면 應勤求正法
마치 험한 길에서 물을 만나 如嶮道遇水
물마시고 빨리 길을 가듯합니다. 時飮速進路

26 덧없음은 마음의 폭군이요 역도 非常心暴逆
두루 무너뜨림에 귀천이 없으니 普壞無貴賤
올바른 식별 마음에 두어 正觀存於心
비록 자더라도 항상 깨겠습니다.' 雖眠亦常覺

27 때에 그 이차비 사자 時離車獅子

언제나 부처님의 지혜를 생각하며 常念佛智慧
나고 죽음을 싫어해 떠나려고 厭離於生死
사람 중의 사자를 찬탄하고 연모했습니다. 歎慕人獅子

28 세상의 은혜와 사랑을 마음에 두지 않고 不存世恩愛
탐욕을 떠난 덕을 깊이 숭앙하여 深崇離欲德
가볍고 날뛰는 뜻 꺾어 항복 받으며 折伏輕躁意
마음을 적정한 곳에 두었습니다. 栖心寂靜處

29 부지런히 보시를 시행하고 勤修行惠施
교만한 마음을 멀리 여의고 遠離於憍慢
혼자 한가로이 살기를 좋아하며 樂獨脩閑居
오직 참된 법만을 깊이 생각했습니다. 思惟眞實法

30 그 때에 그 일체 지혜 가진 분 爾時一切智
원만한 몸을 사자처럼 돌려 圓身獅子顧
그 바이샤알리를 바라보시면서 瞻彼鞞舍離
하직하는 긴 노래 읊으셨습니다. 而說長辭偈

31 '이 바이샤알리에 유세하는 것 是吾之最後

이것은 나의 최후요 마지막이네. 遊此鞞舍離
저 역사들이 사는 곳으로 가 往力士生地
반드시 열반에 들리라.' 當入於涅槃

32 차례차례 계속해 유세하시며 漸次第遊行
저 보가성에 도착하시자 至彼蒲加城
편안히 견고림에 머무시며 安住堅固林
모든 비구들에게 훈계하셨습니다. 敎誡諸比丘

33 '나는 이제 한밤중이면 吾今以中夜
장차 열반에 들 것이다. 當入於涅槃
너희들은 법을 의지해야 하나니 汝等當依法
그것이 바로 높고도 훌륭한 처사니라. 是則尊勝處

34 수트라에 몰입하지 않거나 不入脩多羅
또한 율의를 따르지 않으면 亦不順律儀
진실한 이치와 어긋나는 것 眞實義相違
그것은 당연히 받아들이지 않아야 하느니라. 則不應攝受

35 그것은 법도 아니요 계율도 아니며 非法亦非律

또한 내가 말한 내용도 아니니 又非我所說
그것은 바로 어두운 말 是則爲闇說
너희들은 마땅히 빨리 버려라. 汝等應速捨

36 밝은 말은 받아 가져라. 執受於明說
그것은 곧 뒤바뀜이 아니요 是則非顚倒
그것은 곧 내가 말한 것이며 是則我所說
법답고 율다운 가르침이니라. 如法如律敎

37 내 법과 같이 율과 같이 느끼면 如我法律受
그것은 곧 믿을 수 있고 是則爲可信
내 법과 율이 그르다고 말하면 言我法律非
그것은 즉시에 믿지 마라라. 是則不可信

38 미세한 뜻은 이해하지 못하고 不解微細義
그릇 문자만 따르는 것 謬隨於文字
그것은 어리석은 사람으로서 是則爲愚夫
법이 아니고 망령된 말이니라. 非法而妄說

39 참과 거짓을 분별하지 못하고 不別其眞僞

주견이 없이 모르면서 느끼면　無見而闇受
마치 놋쇠와 금을 함께 벌여 놓고　猶鍮金共肆
세상 사람을 속임과 같으니라.　狂惑於世間

40 어리석은 사람은 얕은 지혜 익혀　愚夫習淺智
진실한 이치를 모르고　不解眞實義
비슷한 법을 느끼고서도　受於相似法
참된 법을 이루었다 느끼느니라.　而作眞法受

41 그러므로 마땅히 자세하고 밝게　是故當審諦
참 법률을 관찰해야 하느니라.　觀察眞法律
마치 저 금을 단련하는 사람이　猶如鍊金師
녹이고 두드려 순금을 취하듯이 하여라.　燒打而取眞

42 모든 경론을 모르면　不知諸經論
그것은 바로 세속의 지혜도 아니니　是則非默慧
마땅히 말하지 않을 것을 말하고　不應說所應
꼭 보아야 할 것 보지 않음이니라.　應作不應見

43 반드시 평등하게 받아들이면　當作平等受

구절의 뜻과 말과 행이 같나니 句義如說行
칼을 잡되 사용하는 방법 모르면 執劍無方便
도리어 그 손을 다치느니라. 則反傷其手

44 말이나 문자의 방편을 잘 쓰지 못하면 辭句不巧便
그 뜻을 밝게 깨치기 어렵나니 其義難了知
마치 밤에 다니며 방을 찾아도 如夜行求室
집이 넓어 방을 알 수 없음과 같으니라. 宅曠莫知處

45 뜻을 잃으면 곧 법을 잊고 失義則忘法
법을 망각하면 마음이 산란하니 忘法心馳亂
그러므로 지혜로운 사람은 是故智慧士
진실한 이치를 위배하지 않느니라.' 不違眞實義

46 이렇게 훈계하여 마치신 뒤에 說斯敎誡已
파바 성에 이르셨으니 至於彼婆城
그 모든 역사 무리들 彼諸力士衆
갖가지 공양을 마련해 올렸습니다. 設種種供養

47 그 때에 어떤 장자의 아들 있어 時有長者子

춘다라고 명명했는데　其名曰純陀
부처님을 초청해 그 집에 모시고 가서　請佛至其舍
공양을 올렸는데 최후의 공양이었습니다.　供設最後飯

48 공양을 끝내고 설법을 마친신 뒤　飯食說法畢
쿠시나가라성에 가셔서　行詣鳩夷城
카쿠타와 히라니야　度於蕨蕨河
두 강을 건너셨습니다.　及熙連二河

49 거기에 있는 견고림　彼有堅固林
안온하고 또 한적한 곳이었고　安隱閒靜處
금하에 들어가 목욕하시자　入金河洗浴
그 몸은 마치 진 금산이었습니다.　身若眞金山

50 부처님께서 아난다에게　告勅阿難陀
'저 나란히 선 나무 사이에　於彼雙樹間
물 뿌리고 쓸어 깨끗하게 한 뒤에　掃灑令淸淨
노끈 평상을 설치하라.　安置於繩床
나는 오늘 한밤중에　吾今中夜時
반드시 니르바나에 들겠노라.' 고 하셨습니다.　當入於涅槃

51 아난다는 부처님 분부 받고 阿難聞佛敎
기가 막히고 마음은 슬퍼 氣塞而心悲
울면서 분부 받들어 行泣而奉敎
준비를 마치고 돌아와 아뢰었습니다. 布置訖還白
'말씀하신 대로 준비했사옵니다.'

52 여래께서는 노끈 평상에 나아가셔서 如來就繩床
북쪽으로 머리 두시고 오른쪽으로 누워 北首右脇臥
팔을 베개하고 두 발을 포개셨으니 枕手累雙足
그 모양 마치 사자왕과 같았습니다. 猶如獅子王

53 괴로움을 끝낸 마지막 몸은 畢苦後邊身
한 번 눕자 영원히 일어나지 않으셨고 一臥永不起
그 제자들은 모두 둘러싸고 弟子重圍繞
'세상눈이 없어졌다.' 고 탄식했습니다. 哀歎世眼滅

54 바람은 멎고 숲과 물은 고요하며 風止林流靜
새와 짐승들은 죽은 듯 소리 없고 鳥獸寂無聲
나무들도 모두 진액 눈물 흘리고 樹木汁淚流
꽃과 잎사귀는 때아닌데 떨어졌습니다. 華葉非時零

55 탐욕 떠나지 못한 사람과 하늘 사람들은　未離欲人天
모두 크게 당황하고 두려워함이　悉皆大惶怖
마치 사람이 넓은 늪에 놀다가　如人遊曠澤
길이 험해 마을까지 이르지 못하자　道險未至村

56 다만 걷지만 마을에 이르지 못할까 두려워　但恐行不至
마음은 두렵고 몸은 가볍게 떨었습니다.　心懼形忽忽
여래께서 마침내 누워 계시며　如來畢竟臥
아난다에게 분부하셨습니다.　而告阿難陀

57 '너는 가서 저 역사들에게 알려라.　往告諸力士
나는 열반할 때가 이미 이르렀으니　我涅槃時至
그들이 만일 나를 보지 못하면　彼若不見我
영원한 한과 큰 고통 생기리라.' 고　永恨生大苦

58 아난다는 부처님 분부 받고　阿難受佛教
슬피 울면서 길을 따라가　悲泣而隨路
그 모든 역사들에게 알렸습니다.　告彼諸力士
'세존께서 이미 임종에 임하셨소.'　世尊已畢竟

59 모든 역사들 그 소식 듣고 諸力士聞之
더할 수 없는 큰 두려움 생겨 極生大恐怖
남녀가 모두 울부짖으며 달려와 士女奔馳出
부처님 처소에 도착하는데 號泣至佛所

60 찢어진 옷에 흩은 머리카락 弊衣而散髮
먼지 쓴 몸에는 땀을 흘리며 蒙塵身流汗
통곡하며 그 숲에 도착하니 號慟詣彼林
마치 하늘 복이 다한 것같고 猶如天福盡
눈물을 흘리며 부처님 발에 절하니 垂淚禮佛足
근심과 슬픔에 몸은 뜨거웠습니다. 憂悲身萎熱

61 여래는 위로 말씀하셨습니다. 如來安慰說
'너희들은 근심하고 괴로워하지 말라 汝等勿憂悴
지금은 마땅히 기뻐할 때요 今應隨喜時
근심하고 슬퍼함은 마땅하지 않느니라. 不宜生憂戚

62 오랜 겁을 두고 꾀하던 바를 長劫之所規
나는 이제 비로소 얻었으니 我今始獲得
모든 근과 경계를 이미 건너 已度根境界

다함없는 시원하고 맑은 곳이다.	無盡淸凉處
63 흙과 물과 불과 바람을 떠나	離地水火風
지극히 고요해 나고 멸하지 않아	寂靜不生滅
영원히 걱정 근심 버렸으니	永除於憂患
어찌하여 나를 위해 슬퍼하느냐?	云何爲我憂
64 나는 옛날 가야산에서	我昔伽闍山
이 몸을 버리고자 했느니라.	欲捨於此身
그 본래의 인연 있었기 때문에	以本因緣故
세상에 살아 지금에 이르렀느니라.	存世至於今
65 위태롭고 연약한 이 몸을 보호하기	守斯危脆身
독사와 함께 사는 것같았으나	如毒蛇同居
이제는 큰 고요함에 들어	今入於大寂
뭇 괴로움의 인연 이미 끝났느니라.	衆苦緣已畢
66 다시는 뒷몸을 받지 않을 것	不復更受身
미래의 괴로움 영원히 쉬었으니	未來苦長息
너희들은 다시 나를 위하여	汝等不復應

두려워하지 않아야 하느니라.' 我爲生恐怖

67 그 역사들은 부처님께서 力士聞佛說
큰 니르바나에 드신단 말씀을 듣고 入於大寂靜
마음은 어지럽고 눈은 어두워 心亂而目冥
큰 어둠을 보는 것같았으나 如覩大黑闇

68 그러나 합장하고 부처님께 여쭈었습니다. 合掌白佛言
'부처님께서는 나고 죽는 괴로움 떠나 佛離生死苦
영원히 적멸의 즐거움에 간다 하시니 永之寂滅樂
저희들은 실로 기뻐하고 경하합니다. 我等實欣慶

69 마치 저 불붙은 집에서 猶如被燒舍
어버이가 불속에서 나온 것같사오니 親從盛火出
모든 하늘 사람들도 기뻐하는데 諸天猶歡喜
하물며 이 세상 사람이겠습니까? 何況於世人

70 그러나 여래께서 멸도하신 뒤에는 如來旣滅後
중생들은 다시 뵈올 길 없어 群生無所覩
영원히 구호를 받을 수 없사옵기에 永違於救護

그러므로 걱정하고 슬퍼합니다. 是故生憂悲

71 마치 저 상인들이 譬如商人衆
멀리 광야를 지나갈 때에 遠涉於曠野
오직 한 사람 길잡이 있었으나 唯有一導師
중도에서 갑자기 잃은 것같아서 忽然中道亡

72 대중들은 다시 믿을 데 없으니 大衆無所怙
어떻게 근심하고 슬피하지 않겠사오며 云何不憂悲
현세에서 스스로 증득하고 알아 現世自證知
일체를 알고 본 어른 뵙고도 覩一切知見

73 그러고도 승리를 거두지 못하면 而不獲勝利
온 세상의 웃음을 받을 것입니다. 擧世所應笑
보물산을 지나면서 어리석고 미련하여 譬如經寶山
가난과 괴로움에 시달림과 같습니다.' 愚癡守貧苦

74 위와 같이 그 모든 역사들 如是諸力士
부처님을 행하여 슬픔을 하소연함이 向佛而悲訴
마치 어떤 사람의 외동아들이 猶如人一子

자비스런 아버지께 하소연하듯 했습니다. 悲訴於慈父

75 부처님은 잘 타이르는 말씀으로 佛以善誘辭
위없는 묘한 진리 나타내 보이시며 顯示第一義
그 모든 역사들에게 말씀하셨습니다. 告諸力士衆

76 '진실로 너희들의 말과 같구나! 誠如汝所言
그러나 도를 구해 부지런히 힘쓰되 求道須精勤
비록 나를 보지는 못하더라도 非但見我得
내가 말한 그대로 실행하면 如我所說行
온갖 괴로움의 그물 벗어날 수 있느니라. 得離衆苦網

77 도를 행하는 것은 마음에 있고 行道存於心
꼭 나를 보는 데에 있지 않으니 不必由我見
마치 저 환자가 猶如疾病人
처방을 따라 좋은 약 먹으면 依方服良藥

78 중병도 스스로 치유되어 重病自然除
의사를 만나려고 기다리지 않음과 같으니라. 不待見醫師
내가 말한 그대로 수행하지 않으면 不如我說行

부질없이 나를 보아도 이익 없느니라.	空見我無益
79 비록 나와 서로 멀리 있어도	雖與我相遠
법을 행하면 내게 가까울 것이요	行法爲近我
함께 있어도 법을 따르지 않으면	同止不隨法
내게서 멀리 떠난 줄 알아야 하느니라.	當知去我遠
80 마음을 거둬 잡아 방일하지 말고	攝心莫放逸
꾸준히 힘써 바른 업을 닦아라.	精勤修正業
사람이 이 세상에 태어나면	人生於世間
긴긴 밤 동안 온갖 고통이 핍박하나니	長夜衆苦迫
어지러이 흔들려 편안하지 못하면	擾動不自安
마치 바람 앞에 있는 등불과 같으니라.'	猶若風中燈
81 그 때에 그 모든 역사들	時諸力士衆
부처님의 자비스런 가르치심 듣고	聞佛慈悲敎
마음으로 감동해 눈물 거두고	內感而收淚
각자가 슬픔을 억제하며 돌아갔습니다.	强自抑止歸

26
열반에 드시다

1 그 때에 이교도 수행자　爾時有梵志
수바드라가 있었는데　名須跋陀羅
어진 덕을 두루 갖추고　賢德悉備足
깨끗한 계를 지키며 중생을 보호했으나　淨戒護衆生

2 젊어서 사견을 따랐고　少稟於邪見
이교도를 따라 출가했습니다.　隨外道出家
그는 와서 세존을 뵈려고　欲來見世尊
아난다에게 말했습니다.　告於阿難陀

3 '저는 여래의 도는　我聞如來道
그 뜻이 깊어 헤아리기 어렵고　厥義深難測
여래는 세상에서 위가 없는 진리를 깨치신　世間無上覺
제일가는 부처님이시라고 들었습니다.　第一調御師

4 그 분이 지금 니르바나에 드신다 하니　今欲般涅槃
다시 두 번 만나기 어렵고　難復可再遇
뵙기 어려운 분 뵙는 것도 어려워　難見見者難
마치 거울 속의 달과 같습니다.　猶如鏡中月

5 저는 지금 가르침을 받들고 싶어 위없으신　我今欲奉見
잘 인도하시는 스승님을 뵈려하옵니다.　無上善導師
뭇 고통을 끊기 위함이오며　爲求絶衆苦
나고 죽음 건너 피안에 이르러　度生死彼岸
부처님의 태양 받아 빛나고 싶습니다.　佛日欲潛光
저에게 잠깐 뵙게 하여 주십시오.'　願令我暫見

6 아난다는 마음속으로 슬퍼하며　阿難情悲感
겸하여 비아냥거리거나　兼謂爲譏論
혹 세존의 멸도하심을 기뻐함이니　或欣世尊滅
'부처님을 뵈옵게 함이 마땅치 않다.'　不宜令佛見

7 부처님은 그의 희망을 아시고　佛知彼希望
바른 법을 감당할 그릇임을 아시고　堪爲正法器
아난다에게 분부하셨습니다.　而告阿難言

8 '그 이교도가 들어오도록 허락하여라. | 聽彼外道前
나는 사람을 구제하기 위해 태어났으니 | 我爲度人生
너는 머뭇거리거나 어렵게 하지 말라.' | 汝勿作留難

9 수바드라는 그 말씀 듣고 | 須跋陀羅聞
마음에 큰 기쁨을 내어 | 心生大歡喜
법을 좋아하는 뜻 갈수록 깊어 | 樂法情轉深
더욱 공경하면서 부처님 앞에서 | 加敬至佛前
때에 맞추어 공손히 말씀드리되 | 應時隨順言
부드러운 말로 인사드리고 | 軟語而問迅
환한 얼굴로 합장하고 간청했습니다. | 和顏合掌請

10 '지금 여쭙고 싶은 것이 있습니다. | 今欲有所問
세상에 법을 아는 자로서 | 世有知法者
저와 같은 사람 매우 많지만 | 如我比甚衆
오직 부처님께서 얻으신 그 해탈만은 | 唯聞佛所得
특이하고 중요한 도라고 들었습니다. | 解脫異要道

11 저를 위해 간략히 말씀하셔서 | 願爲我略說
갈증으로 고통 받는 마음을 적셔 주시옵소서. | 沾潤虛渴懷

논의하기 위해서도 아니옵고	不爲論議故
승부를 다투려는 마음도 없습니다.'	亦無勝負心

12 부처님께서 그 수행자 위하여	佛爲彼梵志
여덟 가지 바른 길을 간략히 말씀하시니	略說八正道
바로 마음을 비우고 듣고 느끼더니	聞卽虛心受
사막을 헤매던 사람 바른 길을 만난 듯했고	猶迷得正路

13 지금까지 배운 모든 그것들은	覺知先所學
나고 죽음 끝내는 도가 아님을 깨닫고	非爲究竟道
일찍 듣지 못한 것비로소 들어	卽得未曾聞
사특한 길을 버리고 떠나니	捨離於邪徑
어리석고 어둠의 장애를 등지고	兼背癡闇障
그는 지금까지 배우던 것생각했습니다.	思惟先所習

14 '지금까지 내가 배우고 익힌 도는	瞋恚癡冥俱
성냄과 어리석음과 어둠과 함께 해서	
좋지 못한 업을 자라게 했으니	長養不善業
애욕과 성냄과 어리석음과 같이 하지 않으면	愛恚癡等行
모든 좋은 업을 일으킬 수 있구나!	能起諸善業

15 많은 학식과 슬기와 정진도 多聞慧精進
또한 유와 애 때문에 생기니 亦由有愛生
만일 성냄과 어리석음 끊으면 迷癡若斷者
곧 모든 업을 떠나게 되는구나. 則離於諸業

16 모든 업이 이미 제거되면 諸業旣已除
그것을 '업에서 해탈한다.' 명명하는구나. 是名業解脫
그러니 이교도가 말한 모든 업에서 해탈이란 諸業解脫者
진리와 서로 부응하지 않았구나. 不與義相應

17 세간에서는 일체가 世間說一切
죄다 자성이 있다고 말하니 悉皆有自性
그러나 애욕과 성냄과 어리석음이 있고 有愛瞋迷癡
만일 그것이 자성이 있다면 而有自性者

18 그것은 영원히 존재함에 부응하니 此則應常存
어떻게 거기서 해탈할 수 있겠는가? 云何而解脫
설사 성냄 어리석음 없애려 하더라도 正使迷癡滅
그 유와 애는 다시 도로 생기리라. 有愛還復生

19 마치 저 물의 자성은 찬데 如水自性冷
불을 인연해 뜨거워졌더라도 緣火故成熱
뜨거움이 그치면 도로 차지니 熱息歸於冷
자성은 항상되기 때문이구나. 以自性常故

20 꼭 알아야겠다. 유와 애의 자성은 當知有愛性
학식과 슬기와 정진을 해도 더하지 않고 聞慧進不增
더하지도 않고 멸하지도 않는 것 不增亦不滅
어떻게 그것을 해탈이라 말하겠는가? 云何是解脫

21 전에는 생각하되 나고 죽음은 先謂彼生死
본래 자성으로부터 난다고 本從性中生
그러나 지금 그 뜻을 관찰하니 今觀於彼義
해탈을 얻을 사람은 아무도 없겠구나. 無得解脫者

22 자성은 영원히 존재하는 것이니 性者則常住
어떻게 거기 마지막이 있으랴? 云何有究竟
마치 밝은 등불을 켜면 譬如燃明燈
어떻게 빛을 없앨 수 있겠는가? 何能令無光

23 부처님 도의 진실한 이치 佛道眞實義
'애욕을 인연하여 세간에 난다.' 하셨네. 緣愛生世間
애욕이 멸하면 바로 적정함인데 愛滅則寂靜
인이 소멸하므로 고통의 과보도 없구나. 因滅故果亡

24 본래 나는 몸과 다르고 本謂我異身
지은이 없다고 보지 않는다고 생각했지만 不見無作者
지금 부처님의 바른 진리 들으니 今聞佛正教
이 세상에는 나란 있을 수 없네. 世間無有我

25 모든 법이 인연으로써 생긴 것은 諸法因緣生
그것은 자재함이 없기 때문이구나. 無有自在故
인연으로 생겼으므로 괴로움 있고 因緣生故苦
인연이 소멸하는 것또한 그러하구나. 因緣滅亦然

26 세상이 인연으로써 생김을 식별하면 觀世因緣生
곧 중생이 죽으면 아무 거도 없다는 則滅於斷見
잘못된 견해를 소멸할 수 있고
연이 떠나 세상이 소멸됨을 식별하면 緣離世間滅
곧 중생이 죽어도 자아와 오온은 則離於常見

상주 불변하여 끊어짐이 없다고
고집하는 잘 못 된 견해를 여의는구나.'

27 본래의 소견을 죄다 버리고 悉捨本所見
부처님의 바른 법 깊이 보더니 深見佛正法
과거에 좋은 인연을 심었으므로 宿命種善因
법을 듣자 곧 깨달아 聞法能卽悟
이미 최선의 적멸을 얻으니 已得善寂滅
청량함이 다함없는 처소였습니다. 淸凉無盡處

28 마음이 열리고 믿음은 더욱 넓어 心開信增廣
누워계신 여래를 우러러 뵙고 仰瞻如來臥
차마 여래의 니르바나를 뵈옵지 못하겠기에 不忍觀如來
세상을 버리고 니르바나에 들며 捨世般涅槃
'부처님 아직 돌아가시기 전에 及佛未究竟
내가 먼저 니르바나에 듦이 마땅하리라.' 我當先滅度

29 합장하며 거룩한 성안에 예배드리고 合掌禮聖顔
꿋꿋한 자세로 한쪽에 앉아 一面正基坐
목숨을 버리고 니르바나에 드니 捨壽入涅槃

마치 비가 작은 불을 꺼듯 했습니다. 如雨滅小火

30 부처님께서 모든 비구에게 말씀하셨습니다. 佛告諸比丘
'내 최후의 제자가 我最後弟子
지금 이미 니르바나에 들었으니 而今已涅槃
너희들은 당연히 공양을 베풀어라.' 汝等當供養

31 초저녁 이미 지나 佛以初夜過
달은 밝고 별들은 빛나며 月明衆星朗
숲은 고요하여 적정할 때 閑林靜無聲
부처님께서 큰 자비심 일으키사 而興大悲心

32 모든 제자들에게 최후의 분부를 하셨습니다. 遺誡諸弟子
'내가 니르바나에 든 뒤에는 吾般涅槃後
너희들은 당연히 汝等當恭敬
푸라티목샤를 공경해야 하느니라. 波羅提木叉

33 이것은 곧 너희들의 큰 스승 卽是汝大師
어두운 밤의 밝은 등대요 巨夜之明燈
가난한 사람의 큰 보물로서 貧人之大寶

반드시 가르치고 훈계할 것이다.　　當所教誡者

34 너희들은 마땅히 그것따르기　　汝等當隨順
나를 섬기는 것과 다름없이 하라.　　如事我無異
몸과 입의 행을 깨끗이 하고　　當淨身口行
모든 의식주 마련하는 업을 떠나야 한다.　　離諸治生業

35 밭과 집과 또 짐승을 기르기와　　田宅畜衆生
재물이나 또 곡식을 쌓아 두기　　積財及五穀
이 모든 일 멀리 떠나기　　一切當遠離
큰 불구덩이를 피하듯 하라.　　如避大火坑

36 땅을 개간하기와 초목을 베기와　　墾土截草木
의술로 모든 병 다스리기와　　醫療治諸病
우러러 천체를 관찰하기와　　仰觀於曆數
길하고 흉한 상을 헤아리거나　　推步吉凶相

37 이롭고 해로움을 점치는 것들　　占相於利害
이것은 다 할 일이 아니니라.　　此悉不應爲
몸을 절제하여 때맞춰 먹고　　節身隨時食

남의 시킴을 받아 술법을 부리지 말라. 不受使行術

38 달이는 약을 만들지 말고 不和合湯藥
아첨과 거짓을 멀리 떠나라. 遠離諸諂曲
법을 배우는데 필요한 생활 기구는 順法資生具
반드시 양을 알아 받을 것이요. 應當知量受

39 받은 것은 쌓아 두지 말지니라. 受則不積聚
이것은 곧 간단한 계를 말한 것이니 是則略說戒
위의 일들은 모든 계의 근본이 되고 爲衆戒之根
또한 해탈의 근본이 되느니라. 亦爲解脫本

40 그러므로 이 법을 의지해야 依此法能生
일체의 선정이 생기나니 一切諸正受
일체의 진실한 지혜도 一切眞實智
지계를 인연해야 끝까지 얻느니라. 緣斯得究竟

41 그러므로 마땅히 마음에 새겨 지키고 是故當執持
지계를 끊거나 무너지게 하지 말라. 勿令其斷壞
깨끗한 계가 끊어지지 않으면 淨戒不斷故

곧 모든 선법이 존재하느니라.	則有諸善法
42 그것이 없으면 모든 선법 없나니	無則無諸善
계율로써 수립하기 때문이니라.	以戒建立故
이미 맑고 깨끗한 계에 머물거든	已住清淨戒
모든 감정의 근을 잘 거두어라.	善攝諸情根
43 마치 소를 잘 기르는 사람처럼	猶如善牧牛
함부로 사납게 행동하지 않게 하라.	不令其縱暴
모든 근이 날뜀을 다잡지 않으면	不攝諸根馬
여섯 가지 경계에 대해 함부로 좇느니라.	縱逸於六境
44 현세에는 재앙이 오고	現世致殃禍
장차는 나쁜 길에 떨어지느니라.	將墜於惡道
마치 말을 잘 다루지 않으면	譬如不調馬
사람을 구렁에 떨어지게 함과 같으니라.	令人墮坑陷
45 그러므로 밝고 지혜로운 사람은	是故明智者
모든 근을 반드시 방종하지 않게 하느니라.	不應縱諸根
모든 근은 매우 사납고 악해	諸根甚凶惡

사람의 큰 원수가 되느니라. 爲人之重怨

46 중생은 감각기관을 사랑함으로써 衆生愛諸根
도리어 그에게 해침을 입는데 還爲彼傷害
그 깊은 원한은 독한 뱀이나 深怨盛毒蛇
흉악한 범, 사나운 불보다 더 심하니라. 暴虎及猛火

47 세상 사람들 매우 싫어하지만 世間之甚惡
슬기로운 사람은 두려워하지 않느니라. 慧者所不畏
오직 경솔하고 다급한 마음은 唯畏輕躁心
장차 사람이 악도에 들게 하니 두려워하여라. 將人入惡道

48 작은 안정을 좋아함은 以彼樂小恬
깊고 험한 곳을 보지 않기 때문이니 不觀深險故
미친 코끼리 날카로운 갈고리 벗어나고 狂象失利鉤
원숭이 수림을 만난 것처럼 猿猴得樹林
경솔하고 조급한 마음 그와 같아도 輕躁心如是
슬기로운 사람은 거둬 안정하느니라. 慧者當攝持

49 마음을 놓아 뜻대로 하게 하면 放心令自在

끝까지 적멸을 얻지 못하나니　　終不得寂滅
그러므로 마땅히 마음을 제어하여　　是故當制心
편하고 고요한 곳으로 빨리 가거라.　　速之安靜處

50 음식을 먹을 때는 분량을 알고　　飯食知節量
반드시 약을 먹는 법처럼 하여라.　　當如服藥法
그 음식을 인하여　　勿因於飯食
탐하거나 성내는 마음을 내지 말라.　　而生貪恚心

51 음식은 굶주리고 목마름 때문이니　　飯食止飢渴
마치 헌 수레에 기름과 같으니라.　　如膏朽敗車
비유하면 벌이 꽃에서 꿀을 딸 때　　譬如蜂採花
빛깔과 향기 다치지 않음과 같이하라.　　不壞其色香

52 비구는 다니면서 밥을 빌 때에　　比丘行乞食
그 믿는 마음을 상하게 하지 말라.　　勿傷彼信心
만약 사람이 마음을 열고 보시를 해도　　若人開心施
반드시 그 힘을 헤아려 보아라.　　當推彼所堪

53 소의 힘을 헤아리지 않으면　　不籌量牛力

무거운 짐은 소를 해치게 하느니라. 重載令其傷
아침과 낮과 저녁 세 때를 따라 朝中晡三時
차례로 바른 업 닦아야 하느니라. 次第修正業

54 초저녁과 새벽 두 때는 初後二夜分
잠에 집착하는 일 없도록 하고 亦莫著睡眠
밤중에는 단정한 마음으로 누워 中夜端心臥
생각을 밝은 모습에 매어두라. 係念在明相

55 밤이 새도록 깊은 잠에 빠져 勿終夜睡眠
몸과 목숨 헛되이 보내지 말라. 令身命空過
시간이란 불은 언제나 이 몸을 태우니 時火常燒身
어떻게 깊이 잠만 자고 있으랴? 云何長睡眠

56 번뇌는 온갖 원수의 집 煩惱衆怨家
빈틈을 타서 이내 나를 해치니 乘虛而隨害
마음이 잠에 빠져 어두우면 心惽於睡寐
죽음이 이른들 누가 깨울 수 있겠느냐? 死至孰能覺

57 독사가 집에 숨어 있으면 毒蛇藏於宅

좋은 주문으로써 잘 나가게 하고	善呪能令出
검은 살모사 그 마음에 있으면	黑虺居其心
밝게 깨우는 주문으로써 없애야 하느니라.	明覺善呪除
58 아무 방법도 없이 오래 잠자면	無術而長眠
이는 곧 부끄러움 없는 사람이니라.	是則無慙人
부끄러움은 장엄한 의복이 되고	慙愧爲嚴服
부끄러움은 코끼리를 제어하는 갈고리니라.	慙爲制象鉤
59 부끄러움은 그 마음 안정시키고	慙愧令心定
부끄러움 없으면 선근을 잃느니라.	無慙喪善根
부끄러워할 줄 알면 어진이라 일컫고	慙愧世稱賢
부끄러움 없으면 짐승의 동무니라.	無慙禽獸倫
60 만약 사람이 날카로운 칼로써	若人以利刀
마디마디 그 몸을 해치더라도	節節解其身
성내거나 원망하는 마음을 품지 말고	不應懷恚恨
입으로는 나쁜 말을 더하지 말라.	口不加惡言
61 나쁘게 생각하고 나쁘게 말하면	惡念而惡言

자기만 상하고 남 해치지 못하나니	自傷不害彼
몸을 절제하여 고행을 이행할 때	節身修苦行
인욕보다 더 훌륭한 것없느니라.	無過忍辱勝
62 오직 인욕을 행하는 것만이	唯有行忍辱
항복 받기 어려운 때 견고한 힘이니	難伏堅固力
그러므로 원망하는 마음을 품어	是故勿懷恨
나쁜 말로써 남을 대하지 말라.	惡言以加人
63 성냄은 바른 법을 무너뜨리고	瞋恚壞正法
또한 단정한 몸을 무너뜨리며	亦壞端正色
아름다운 이름과 칭찬을 잃어버리게 하고	喪失美名稱
성냄의 불길은 스스로 마음을 태우느니라.	瞋火自燒心
64 성냄은 공덕의 원수가 되나니	瞋爲功德怨
덕을 사랑하거든 원한을 품지 말라.	愛德勿懷恨
집에 있으면 번뇌 많으므로	在家多諸惱
성냄은 본래 이상한 것 아니지만	瞋恚故非怪
65 출가한 이로서 성냄을 품으면	出家人懷瞋

그것은 곧 이치와 어그러지느니라.	是則與理乖
마치 찬물 속에 있으나	猶如冷水中
그러나 치성한 불길 담고 있음과 같으니라.	而有盛火燃
66 교만한 마음이 만약 생기면	憍慢心若生
마땅히 제 손으로써 정수리 만져 보아라.	當自手摩頂
머리를 깎고 물들인 옷을 입고	剃髮服染衣
손에는 밥을 비는 바루를 들었느니라.	手持乞食器
67 마을에서 떨어져 혼자 살면서	邊生裁自活
무엇 때문에 교만한 마음 내겠느냐?	何爲生憍慢
빛깔 옷 입는 속인도	俗人衣色族
교만은 또한 허물이니라.	憍慢亦爲過
68 하물며 집을 나온 사람이	何況出家人
마음으로 해탈의 도를 구하면서	志求解脫道
그러고도 교만한 마음을 낸다면	而生憍慢心
그것은 크게 옳지 않은 일이니라.	此則大不可
69 굽음과 곧음의 성질 서로 어긋나	曲直性相違

서리와 불꽃처럼 함께 하지 못하나니 不俱猶霜炎
집을 나와 곧은 길 걷는 이에게는 出家脩直道
아첨은 어울리지 않느니라. 諂曲非所應

70 아첨과 거짓과 환술과 사기도 諂僞幻虛詐
오직 정법만은 속이지 못 하느니라. 唯法不欺誑
많이 구하면 곧 괴롭게 되고 多求則爲苦
욕심 적으면 곧 편안하느니라. 少欲則安隱

71 편안하기 위해서도 욕심 적어야 하거든 爲安應少欲
하물며 참 해탈을 구하는 이겠느냐? 況求眞解脫
인색한 자 두려워 많이 구하니 慳悋畏多求
재물을 손해 볼까 걱정함이니라. 恐損其財寶

72 좋아 보시한 이도 또한 두려워하나니 好施者亦畏
만족하게 공양을 올리지 못하고 愧財不供足
재물이 적음을 부끄러워하느니라.
그러므로 반드시 욕심을 적게 하고 是故當少欲
시주가 베풂에 두려움이 없게 하여라. 施彼無畏心

73 이 욕심 적은 마음을 지니게 되면	由此少欲心
곧 해탈의 도를 얻나니	則得解脫道
만일 해탈을 구하고자 하거든	若欲求解脫
반드시 지족함을 익혀야 하느니라.	亦應習知足
74 만족함을 알면 항상 기쁘고	知足常歡喜
기뻐함 그것이 바로 법이니라.	歡喜卽是法
살아가는 기구들 비록 조악해도	資生具雖陋
족한 줄 알므로 항상 편안하느니라.	知足故常安
75 만족한 줄 모르는 사람은	不知足之人
비록 하늘에 나서 즐거움 얻더라도	雖得生天樂
만족한 줄 모르기 때문에	以不知足故
괴로움의 불은 항상 마음을 태우느니라.	苦火常燒心
76 부자면서 만족한 줄 모르면	富而不知足
그것은 곧 가난한 괴로움	是亦爲貧苦
가난하여도 만족한 줄 알면	雖貧而知足
그것은 곧 첫째가는 부자니라.	是則第一富

77 만족함을 모르는 자는 其不知足者
다섯 욕심 경계를 더욱 넓히나니 五欲境彌廣
계속하며 구해도 싫음이 없고 猶更求無厭
오랫동안에 괴로움을 부르느니라. 長夜馳騁苦

78 걱정과 근심에 급급함을 품으면 汲汲懷憂慮
도리어 만족을 아는 이가 슬프게 여기느니라. 反爲知足哀
많은 권속을 거느리지 않으면 不多受眷屬
그 마음 언제나 편안하느니라. 其心常安隱

79 편안하고 적정하므로 安隱寂靜故
사람과 천인들이 죄다 섬기나니 人天悉奉事
그러므로 반드시 친하거나 서먹서먹한 是故當捨離
두 권속을 버려야 하느니라. 親疎二眷屬

80 마치 광야나 못가의 외로운 나무에 如曠澤孤樹
뭇 새들 많이 모이는 것처럼 衆鳥多集栖
많은 권속 거느림 또한 그러하여 多畜衆亦然
오랜 동안에 뭇 괴로움 받느니라. 長夜受衆苦

81 대중이 많으면 얽히고 설킴이 많아　多衆多纏累
마치 늙은 코끼리 진창에 빠짐과 같으니라.　如老象溺泥
사람이 만일 부지런히 정진하면　若人勤精進
어떤 이익이나 얻지 못할 것없느니라.　無利而不獲

82 그러므로 반드시 밤낮으로　是故當晝夜
부지런히 힘쓰고 게으르지 말라　精勤不懈怠
산골짝에 흐르는 실개울 물도　山谷微流水
늘 흐르기 때문에 돌을 뚫느니라.　常流故決石

83 불씨 얻을 때 노력하지 않으면　鑽火不精進
한갓 수고로울 뿐 얻지 못하느니라.　徒勞而不獲
그러므로 반드시 꾸준히 힘쓰기　是故當精進
힘센 사람이 불씨 얻듯이 하여라.　如壯夫鑽火

84 착한 벗이 비록 좋다 해도　善友雖爲良
바른 생각만은 못하나니　不及於正念
바른 생각이 마음에 있으면　正念存於心
온갖 악함 들어오지 못하느니라.　衆惡悉不入

85 그러므로 수행하는 사람은	是故修行者
언제나 당연히 그 몸을 생각하라.	常當念其身
만일 몸에 대하여 바른 생각 잃으면	於身若失念
일체의 선한 생각이 바로 망각되느니라.	一切善則忘
86 비유하면 저 용맹스러운 장군	譬如勇猛將
갑옷 입고 강한 적을 제어하는 것처럼	被鉀御强敵
바른 생각은 겹 갑옷 되어	正念爲重鎧
여섯 경계의 적을 제압하느니라.	能制六境賊
87 바른 선정으로 깨닫는 마음을 살피면	正定撿覺心
세간의 나고 죽음 식별하나니	觀世間生滅
그러므로 수행하는 사람은	是故修行者
선정을 익혀야 하느니라.	當習三摩提
88 선정에 들어 이미 적정해지면	三昧已寂靜
일체 괴로움을 소멸할 수 있고	能滅一切苦
지혜로 밝게 비출 수 있어	智慧能照明
섭수함을 멀리 떠나느니라.	遠離於攝受

89 평등하게 식별하고 안으로 생각하여　等觀內思惟
그 생각을 따라 바른 법에 나아가라.　隨順趣正法
재가불자나 출가한 불자는　在家及出家
반드시 이 길을 경유해야 하느니라.　斯應由此路

90 나고 늙고 죽음의 큰 바다에서는　生老死大海
지혜는 가벼운 배가 되고　智慧爲輕舟
무명의 큰 어두움 속에서는　無明大闇冥
지혜는 밝은 등대가 되느니라.　智慧爲明燈

91 모든 번뇌라는 병에는　諸纏結垢病
지혜는 좋은 약이 되고　智慧爲良藥
번뇌라는 가시 숲에서는　煩惱棘刺林
지혜가 날카로운 도끼가 되느니라.　智慧爲利斧

92 어리석은 애욕의 빠른 물에는　癡愛駛水流
지혜가 곧 그 다리 되나니　智慧爲橋梁
그러므로 반드시 부지런히 익히고　是故當勤習
알고 생각하고 닦아야 슬기가 생기느니라.　聞思修生慧

93 세 가지 슬기를 이루면 成就三種慧
비록 장님이라도 슬기의 눈이 트이나니 雖盲慧眼通
슬기 없으면 마음이 거짓되어 無慧心虛僞
그를 곧 출가한 이라 않느니라. 是則非出家

94 그러므로 반드시 깨달아라. 是故當覺知
모든 허위의 법을 떠나면 離諸虛僞法
미묘한 즐거움을 체득하나니 逮得微妙樂
거기는 적정하고 편안한 곳이니라. 寂靜安隱處

95 방일하지 않기를 숭상하라. 遵崇不放逸
방일은 선한 일의 원수 되나니 放逸爲善怨
만일 사람이 방일하지 않으면 若人不放逸
샤크라의 하늘에 날 수 있지만 得生帝釋處
마음을 놓아 방일하는 자는 縱心放逸者
그는 곧 아수라에 떨어지느니라. 則墮阿修羅

96 편안하게 위로하는 자비의 업을 安慰慈悲業
꼭 맞게 나는 이미 마쳤느니라. 所應我已畢
너희들도 반드시 꾸준히 힘써 汝等當精勤

잘 스스로 그 업을 수행하여라. 善自修其業

97 숲이나 아무도 없는 한가한 곳에서 山林空閑處
적정한 마음 더 자라게 하여라. 增長寂靜心
반드시 각자가 부지런히 힘써 當自勤勵勉
뒷날에 뉘우침과 한탄함이 없게 하여라. 勿令後悔恨

98 마치 세상의 좋은 의사가 猶如世良醫
병세에 따라 맞는 약을 처방해 주어도 應病說方藥
끙끙 앓으면서 먹지 않으면 抱病而不服
그것은 의사 허물 아니니라. 是非良醫過

99 내 이미 참된 이치 말하여 我已說眞實
평등한 길을 나타내 보였으니 顯示平等路
이 말을 듣고도 이행하지 않으면 聞而不奉用
그것은 말한 이의 허물이 아니니라. 此非說者咎

100 네 가지 참된 이치에 대해 於四眞諦義
확실하게 모르는 내용 있으면 有所不了者
너희들은 지금 다 반드시 묻고 汝今悉應問

마음에 품은 의심 숨기지 마라라.' 勿復隱所懷

101 세존께서 가엾이 여기시고 교계하셨으나 世尊哀愍敎
모인 대중들은 잠자코 있었습니다. 衆會默然住

102 그 때에 현자 아니룻다님이 時阿那律陀
모든 대중들이 觀察諸大衆
묵연히 의심이 없음을 식별하시고 默然無所疑
합장하고 부처님께 여쭈었습니다. 合掌而白佛

103 '달빛은 따뜻하고 햇볕은 차다거나 月溫日光冷
바람은 적정하고 땅은 움직인다.' 는 등 風靜地性動
위와 같은 네 가지에 대한 의혹은 如是四種惑
이 세상에서 죄다 이미 없사옵니다. 世間悉已無

104 고와 집과 멸과 도의 참된 이치는 苦集滅道諦
진실하여 아직 어긋남이 없었으니 眞實未曾違
세존께서 말씀하신 그대로 이어서 如世尊所說
대중들은 아무도 의심이 없습니다. 衆會悉無疑

105 오직 세존께서 니르바나에 드심으로써
모두들 다 슬퍼하고 있지만
세존의 설법에 대해서는
끝이 아니란 생각을 일으키지 않습니다.

唯世尊涅槃
一切悉悲戚
不於世尊說
起不究竟想

106 설사 처음 출가한 이들이
속으로는 아직 깊이 이해하지 못해도
아까의 간절하신 가르침을 듣잡고
의혹은 다 이미 없어졌습니다.

正使新出家
情未深解者
聞今慇懃敎
疑惑悉已除

107 이미 나고 죽음의 바다를 건너
욕망도 없고 구할 것도 없지만
지금 모두 슬퍼하고 애달파 함은
부처님께서 멸도하심이
어찌 이렇게 빠른가라고 한탄함입니다.'

已度生死海
無欲無所求
今皆生悲戀
歎佛滅何速

108 부처님께서는 아니룻다님의
갖가지 근심하고 슬퍼하는 말을 듣자
다시 사랑하고 가엾은 마음으로써
그를 위로해 말씀하셨습니다.

佛以阿那律
種種憂悲說
復以慈愍心
安慰而告言

109 '비록 몇 겁 동안을 머문다 해도 正使經劫住
끝에는 돌아가 반드시 이별하나니 終歸當別離
다른 물체로써 화합해 모인 몸들은 異體而和合
이치상 각자는 언제나 함께 못하느니라. 理自不常俱

110 자타의 이익 이미 마쳤으니 自他利已畢
부질없이 머물러 무엇을 하겠느냐? 空住何所爲
하늘 사람이나 사람으로 제도해야 할 자는 天人應度者
죄다 이미 해탈을 얻었느니라. 悉已得解脫

111 이제 너희들 모든 제자는 汝等諸弟子
되풀이 해 바른 법을 펴라. 展轉維正法
존재하는 것은 반드시 마멸함을 알고 知有必磨滅
다시는 근심이나 슬픔을 내지 말라. 勿復生憂悲

112 반드시 제각각 방편에 힘을 쏟아 當自勤方便
이별 없는 곳으로 나아가거라. 到不別離處
나는 이미 지혜의 등불 밝혀 我已燃智燈
세간의 어둠을 비추어 없앴느니라. 照除世闇冥

113 세상은 다 견고하지 않으니 世皆不牢固
너희들은 당연히 나를 따라 기뻐하라. 汝等當隨喜
마치 어버이가 중한 병을 앓다가 如親遭重病
병을 고쳐 괴로움을 벗어난 것처럼 療治脫苦患

114 이미 괴로움의 그릇 버리고 已捨於苦器
나고 죽는 바다의 흐름 거슬러 逆生死海流
영원히 온갖 괴로움을 여의었으니 永離衆苦患
이 또한 나를 따라 기뻐하라. 是亦應隨喜

115 너희들은 스스로 잘 단속해 汝等善自護
방일한 마음을 내지 말라. 勿生於放逸
존재하는 것은 죄다 소멸하는 것 有者悉歸滅
나는 지금 니르바나에 들리라. 我今入涅槃
말은 지금부터 끊을 것이니 言語從是斷
이것이 곧 최후의 가르침이니라.' 此則最後敎

116 부처님께서는 초선 선정에 드셔서 入初禪三昧
차례로 아홉 선정에 드셨다가 次第九正受
거슬러 차례로 선정에 드시고 逆次第正受

돌아와 다시 초선에 드셨습니다.　還入於初禪

117 다시 그 초선에서 나오셔서　復從初禪起
제사 선정까지에 드셨다가　入於第四禪
선정에서 나오셔서 마음 기댈 데 없어　出定心無寄
이내 니르바나에 드셨습니다.　便入於涅槃

118 부처님께서 니르바나에 드시자　以佛涅槃故
온 땅은 두루 흔들렸고　大地普震動
공중에서 비처럼 불을 내려　空中普雨火
연료도 없는 데 저절로 탔습니다.　無薪而自焰

119 불은 다시 땅에서 일어나　又復從地起
팔방이 함께 타고　八方俱熾然
더 나아가서는 모든 하늘 궁전이　乃至諸天宮
불타는 것도 또한 그랬습니다.　熾然亦如是

120 우레와 번개는 천지를 뒤흔들고　雷霆動天地
벽력은 산천을 울렸으니　霹靂震山川
마치 하늘의 아수라들이　猶天阿修羅

북을 치며 싸우는 소리 같았습니다.	擊鼓戰鬪聲
121 광풍은 사방에서 거세게 일어나고	狂風四激起
산이 무너지니 재는 비처럼 내리고	山崩雨灰塵
해와 달은 그 빛을 잃고	日月無光暉
흐르는 물도 모두 끓고 솟았습니다.	淸流悉沸湧
122 견고림 전체가 모두 마르고 시들어	堅固林萎悴
꽃이나 잎은 때 아닌데 떨어지고	花葉非時零
나는 용은 구름을 타고	飛龍乘黑雲
다섯 머리 늘이어 눈물 흘렸습니다.	垂五首淚流
123 네 천왕과 그 권속들	四王及眷屬
슬픔에 젖은 채로 공양을 올렸으며	含悲興供養
정거천 하늘 사람들 내려와	淨居天來下
허공에서 줄지어 모시고	虛空中列侍
124 덧없는 변을 식별하면서	觀察無常變
근심하지도 않고 기뻐하지도 않고	無憂亦無喜
세상이 하늘 스승님과 어김을 한탄하여	歎世違天師

'눈이 없어짐은 어찌하여 이렇게 빠르신가?' 眼滅一何速

125 팔부 모든 하늘 신들은 八部諸天神
두루 허공을 메우고 遍滿虛空中
꽃을 뿌려 공양을 올리면서 散花以供養
근심과 슬픔에 잠겨 불안 해 했습니다. 慼慼心不歡

126 오직 마왕만은 기뻐해 唯有魔王喜
풍류를 울리면서 스스로 즐겼고 奏樂以自娛
잠부드비파는 영화를 잃어 閻浮提失榮
마치 산꼭대기 무너짐과 같았습니다. 猶山頹巓崩

127 큰 코끼리는 흰 이가 부러지고 大象素牙折
큰 소는 두 뿔이 꺾이고 牛王雙角摧
허공에는 해와 달이 없으며 虛空無日月
연꽃이 무서리 맞은 것처럼 蓮花遭嚴霜
여래께서 큰 니르바나에 드시자 如來般涅槃
세간이 처량함도 또한 그랬습니다. 世間悴亦然

27
열반을 한탄함

1 그 때에 어떤 하늘 사람이	時有一天子
천 마리 흰 고니로써 지은	乘千白鵠宮
궁전을 타고 높은 허공에서	於上虛空中
부처님께서 니르바나에 드심을 보고	觀佛般涅槃
두루 모든 하늘 사람 위하여	普爲諸天衆
자세히 무상시를 읊었습니다.	廣說無常偈
2 '일체 자성은 덧없는 것	一切性無常
빨리 났다가 빨리도 소멸합니다.	速生而速滅
나는 것은 바로 괴로움과 함께 하고	生則與苦俱
오직 적멸만 즐거움이오.	唯寂滅爲樂
행업의 연료 더미들	行業薪積聚
지혜의 불은 그것을 태웠습니다.	智慧火熾然

3 명칭은 연기로 충천하더니 名稱烟衝天
짓궂은 비가 내려 꺼버렸구나! 時雨雨令滅
마치 겁화 일어나더라도 猶如劫火起
수재가 겁화를 꺼버리는구나.' 水災之所滅

4 다시 어떤 범선천 하늘 사람이 復有梵仙天
오히려 제일의선(부처님)같이 猶第一義仙
하늘의 빼어나고 묘한 즐거움에 살면서도 處天勝妙樂
그러나 하늘의 환락에 물들지 않고 而不染天報
여래의 열반을 탄식하며 歎如來寂滅
마음은 안정하나 입으로 말했습니다. 心定而口言

5 '삼세의 법을 식별하면 觀察三世法
시작부터 끝까지 변하지 않는 것없습니다. 始終無不壞
제일가는 뜻을 통달하셨으니 第一義通達
세상에 부처님과 짝할 이 없고 世間無比士
슬기와 지견 갖추신 분 慧知見之士
두루 이 세간을 구호하시던 부처님 救護世間者

6 죄다 덧없이 무너지거니 悉爲無常壞

어느 누가 영원히 존재할 수 있으랴	何人得長存
슬프다! 온 세상 중생들	哀哉擧世間
모두 사특한 길에 떨어지겠구나.'	群生墮邪徑

7 그 때에 아니룻다	時阿那律陀
세상에 있어서는 불률타	於世不律陀
이미 니르바나에 들어도 불률타	已滅不律陀
나고 죽음에서 니율타도	生死尼律陀
여래의 니르바나를 한탄하셨습니다.	歎如來寂滅

8 '중생들 모두 장님이 되겠구나!	群生悉盲冥
모든 행의 무더기는 덧없네.	諸行聚無常
마치 가볍게 뜬구름 같아서	猶若輕浮雲
빨리 일었다 빨리 소멸하니	速起而速滅
슬기로운 이는 보호유지하려 하지 않습니다.	慧者不保持

9 덧없는 금강저	無常金剛杵
무니산 왕을 부수었구나!	壞牟尼山王
비루하도다. 세상은 가볍고 성급하여	鄙哉世輕躁
부서지고 깨어져 견고하지 않구나!	破壞不堅固

10 덧없는 난폭한 사자는 無常暴獅子
용과 코끼리 같은 큰 선인 해쳤구나! 害龍象大仙
여래의 금강 깃대도 如來金剛幢
오히려 덧없음에 부서졌는데 猶爲無常壞
하물며 탐욕을 떠나지 못한 이들 何況未離欲
어찌 두려운 마음 내지 않으랴? 而不生怖畏

11 여섯 가지 종자에 하나의 싹 六種子一芽
한 방울의 적심 一水之所雨
넷이 이끄는 깊은 뿌리와 四引之深根
두 개 잔에 다섯 가지 과실 二觚五種菓

12 과거와 현재와 미래에 동일한 몸체 三際同一體
번뇌의 큰 나무 煩惱之大樹
무니 큰 코끼리 그것을 뽑아버리시더니 牟尼大象拔
그러나 덧없음은 면하지 못하셨습니다. 而不免無常

13 그것은 마치 저 식기조가 猶如飾棄鳥
물을 좋아해 독사를 삼키고 樂水吞毒蛇
갑자기 하늘이 내린 큰 가뭄을 만나 忽遇天大旱

물을 잃고 그리고 몸을 망친 것같습니다. 失水而亡身

14 준마는 전투에 용맹스럽게 싸우다가 駿馬用於戰
싸움 마치면 완전히 순해져 돌아오고 戰畢純熟還
불은 오히려 나무 때문에 타다가 猶火緣薪熾
나무 다 타면 저절로 꺼집니다. 薪盡則自滅

15 여래께서도 또한 그와 같으셔서 如來亦如是
일을 미치고 니르바나에 돌아가심 事畢歸涅槃
마치 밝은 달빛이 猶如明月光
두루 세상을 위해 어두움 제거함 같구나! 普爲世除冥

16 중생들 죄다 비춤을 받다가 衆生悉蒙照
달이 다시 수메류산에 숨은 것처럼 而復隱須彌
여래께서도 또한 그와 같아서 如來亦如是
슬기의 광명으로써 어둠을 비추시고 慧光照幽冥
중생을 위해 어둠 없애시다가 爲衆生除冥
니르바나 산속에 숨으셨구나! 而隱涅槃山

17 이름과 훌륭한 광명 名稱勝光明

널리 세간을 비추어　　普照於世間
일체 어둠을 소멸하시더니　　滅諸一切冥
머물지 않음 빠른 물과 같습니다.　　不停若迅流

18 잘 길들인 일곱 마리 준마　　善御七駿馬
군인들과 경호원이 움직이고　　軍衆羽從遊
휘황찬란하게 빛나던 태양이　　光光日天子
큰 산 뒤에 숨고　　猶入於崦嵫
해와 달의 다섯 장애로　　日月五障翳
중생이 그 광명 잃었습니다.　　衆生失光明

19 불을 받들고 하늘에 제사하기 마치면　　奉火祠天畢
오직 검은 연기만 남아 있듯이　　唯有燋黑烟
여래께서 이미 빛을 감추시자　　如來已潛輝
세상이 빛을 잃음 또한 그랬습니다.　　世失榮亦然

20 은혜와 애정과 희망을 끊고　　絶恩愛希望
중생의 희망에 널리 부응하시다가　　普應衆生望
중생의 희망이 이미 가득하여　　衆生望已滿
일이 끝나자 희망을 끊으셨습니다.　　事畢絶希望

21 번뇌의 몸 결박을 떠나 離煩惱身縛
그리고 진실한 도를 얻자 而得眞實道
군중들의 시끄럽고 어지러움 떠나 離群聚憒亂
적정한 곳으로 들어가셨습니다. 入於寂靜處

22 신통으로써 허공에 올라 자적하셨지만 神通騰虛遊
괴로움의 그릇이라 버리셨네. 苦器故棄捨
어리석어 어둡고 거듭 어두워도 癡冥之重闇
지혜의 광명으로 비추어 없앴습니다. 智慧光照除

23 모든 번뇌의 티끌과 먼지는 煩惱之埃塵
지혜란 물로써 씻어 깨끗하게 해 주시더니 智水洗令淨
다시는 자주자주 돌아오지 않으시고 不復數數還
영원한 적정한 처소로 가셨구나! 永之寂靜處

24 일체의 나고 죽음을 소멸하셨으니 滅一切生死
일체가 죄다 높이고 공경하고 一切悉崇敬
일체 중생들이 법을 좋아하게 하시고 令一切樂法
슬기로써 일체에 가득 채우셨습니다. 以慧充一切

25 일체 중생을 다 편안하게 하셨고 悉安慰一切
일체의 덕은 널리 흘려 퍼뜨리며 一切德普流
그 이름은 일체에 두루 하시더니 名聞遍一切
겹겹이 비추던 광명 이제 그쳤습니다. 重照迄於今

26 모든 중생이 덕을 다투게 된 것도 諸有競德者
슬퍼하고 가엾이 여기는 마음 가진 것도 於彼哀愍心
네 가지 이익도 기쁘다 하시지 않고 四利不爲欣
네 가지 쇠퇴해도 슬퍼하지 않으셨습니다. 四衰不以戚

27 모든 감정을 잘 거두셔서 善攝於諸情
모든 근은 죄다 밝고 투철하셨고 諸根悉明徹
맑은 마음으로 평등하게 식별하여 澄心平等觀
여섯 가지 경계에 물들지 않고 六境不染著
일찍 없었던 이치를 얻으셨으니 所得未曾有
남이 얻지 못한 이치 얻으셨습니다. 得人所不得

28 필요한 물을 모두 내어 以諸出要水
갈증을 풀고 배부르게 하셨으니 虛渴令飽滿
남이 주지 못한 것을 주셨지만 施人所不施

또한 그 갚음 바라지 않으셨습니다. 亦不望其報

29 적정하시고 오묘한 모습의 부처님 寂靜妙相身
일체 중생의 생각을 죄다 아시고 悉知一切念
좋고 나쁨에 흔들리지 않으시더니 好惡不傾動
그 힘으로써 모든 원수 이겼사옵고 力勝一切怨
일체의 병에 좋은 약이셨는데 一切病良藥
그러나 덧없음으로 무너지셨습니다. 而爲無常壞

30 저 일체 중생 모든 종류들 一切衆生類
즐기는 법이 제각기 다르지만 樂法各異端
그들이 구하는 바에 널리 부응하셔서 普應其所求
그 소원을 모두 채워 주셨습니다. 悉滿其所願

31 거룩한 슬기의 큰 시주는 聖慧大施主
한 번 가셨으니 다시는 돌아오지 않으실 터. 一往不復還
마치 세간의 사나운 불길도 猶若世猛火
연료 다하면 다시 타지 않음과 같습니다. 薪盡不復燃

32 여덟 가지 법에도 물들지 않고 八法所不染

다루기 어려운 다섯 무리를 항복 받아 降五難調群
셋으로써 셋을 보고 以三而見三
셋을 떠나 셋 이루셨습니다. 離三而成三

33 하나를 간직하여 하나를 얻었고 藏一而得一
칠을 뛰어넘어 영원히 잠드셨고 超七而長眠
끝까지 적멸한 도는 究竟寂滅道
모든 성현들이 떠받드는 돕니다. 賢聖之所宗

34 이미 번뇌의 장애를 끊고 已斷煩惱障
받들던 사람들 이미 제도하셨으며 宗奉者已度
굶주리고 목마르고 가난한 이에게는 飢虛渴乏者
감로를 마시게 하셨습니다. 飮之以甘露

35 욕됨을 참는 겹 갑옷 입으시고 被忍辱重鎧
모든 성냄을 항복 받으시고 降伏諸恚怒
훌륭한 법과 미묘한 이치로 勝法微妙義
중생들의 마음을 기쁘게 하셨습니다. 以悅於衆心

36 세계에서 선행을 닦는 이에게는 修世界善者

깨끗한 종자를 심게 하시고 植以聖種子
바르거나 바르지 않음 익히는 이도 習正不正者
차별 없이 거두어 버리지 않으셨습니다. 等攝而不捨

37 위없는 법을 펴실 적에는 轉無上法輪
온 세상 기뻐하며 받았사오니 普世歡喜受
지난 세상에 좋은 법의 인을 심으셨기에 宿植樂法因
그들은 모두 해탈을 얻었습니다. 斯皆得解脫

38 인간 세상에 자적하시며 遊行於人間
아직 제도하지 못한 이 제도하시고 度諸未度者
아직 진실을 보지 못한 이들 未見眞實者
모두 진실을 보게 하셨습니다. 悉令見眞實

39 모든 이교도를 배우는 이에게는 諸習外道者
깊은 법으로써 가르쳐 주시고 授之以深法
나고 죽음의 덧없음을 설법하시되 說生死無常
주인도 즐거움도 없다고 하셨습니다. 無主無有樂

40 큰 이름의 깃대를 세워 建大名稱幢

뭇 악마들을 쳐부수셨고 破壞衆魔軍
나아가고 물러남에 기쁨도 슬픔도 없이 進却無欣戚
삶은 엷다 하시고 적멸을 찬탄하셨습니다. 薄生歎寂滅

41 건너지 못한 이 건너게 하시고 未度者令度
벗어나지 못한 이 벗어나게 하셨으며 未脫者令脫
고요하지 못한 이 고요하게 하시고 未寂者令寂
깨닫지 못한 이 깨닫게 하셨습니다. 未覺者令覺

42 무니께서는 적정한 도로써 牟尼寂靜道
중생을 섭수해 주셨지만 以攝於衆生
중생은 거룩한 도를 어기고 衆生違聖道
거의가 바르지 못한 업 익힙니다. 習諸不正業

43 마치 큰 겁이 다한 것처럼 猶若大劫盡
법을 가진 어른은 길이 잠드셨구나. 持法者長眠
먹구름은 벽력을 치고 密雲震霹靂
소낙비는 감로를 꺾는구나! 摧林雨甘露

44 젊은 코끼리 가시 숲을 꺾어도 少象摧棘林

기를 줄 아셔서 사람들을 이익 되게 하시고	識養能利人
구름은 흩어지고 코끼리는 늙었으니	雲離象老悴
다 무상을 견딜 수 없었기 때문입니다.	斯皆無所堪
45 소견을 부숴 능숙히 소견을 이루고	破見能成見
세상에서 건질 것이미 건지고	於度世而度
모든 사특한 주장 무너뜨려	已壞諸邪論
자유로운 도를 이미 얻으셨더니	而得自在道
지금 큰 열반에 한 번 드시자	今入於大寂
세간에는 구호할 이 아무도 없습니다.	世間無救護
46 마왕의 그 많은 군사	魔王大軍衆
무기를 휘둘러 천지를 흔들면서	奮武震天地
무니 세존을 해치려 했으나	欲害牟尼尊
조금도 움직이게 하지 못했는데	不能令傾動
어떻게 문득 하루아침에	如何忽一朝
덧없음의 악마에게 넘어지셨습니까?	非常魔所壞
47 하늘 사람들 구름처럼 모여 들어	天人普雲集
허공에 가득 차서	充滿虛空中

다함이 없는 나고 죽음 두려워해	畏無窮生死
마음으로 크게 근심합니다.	心生大憂怖
48 이 세간에서 멀고 가까움 없이	世間無遠近
하늘눈으로 모두 비추어	天眼悉照見
업보의 진리 분명히 깨달아	業報諦明了
거울 속의 모양을 보듯이 하셨습니다.	如觀鏡中像
49 또 하늘귀로 가장 밝게 들으셔서	天耳勝聰達
아무리 멀어도 못 듣는 소리 없으셨고	無遠而不聞
허공에 올라 하늘 사람 교화하시고	昇虛敎諸天
인간에 거닐면서 사람을 교화하셨습니다.	遊步化人境
50 몸을 나누었다가 몸을 합하시고	分身而合體
물을 건너도 젖지 않으시고	涉水而不濡
과거의 생을 모두 기억하셔서	憶念過去生
억만 겁 지난 일도 안 잊었습니다.	彌劫而不忘
51 모든 근이 경계에 자적하되	諸根遊境界
사람마다 각기 다른 생각을 해도	彼彼各異念

남의 마음을 아는 신통의 지혜로써	知他心通智
어느 것하나 모르는 일 없으셨습니다.	一切皆悉知
52 신통과 깨끗하고 묘한 지혜는	神通淨妙智
평등하게 일체를 관찰하셨으니	平等觀一切
일체의 번뇌를 두루 다하셔서	悉盡一切漏
일체의 일은 이미 마치셨습니다.	一切事已畢
53 지혜는 남음이 있는 세계에 버려두시고	智捨有餘界
지혜를 쉬시고 길이 잠드셨구나!	息智而長眠
중생의 굳세고 딱딱한 마음도	衆生剛强心
뵙기만 하면 부드럽고 연했습니다.	見則得柔軟
54 성품이 미련한 모든 중생들	鈍根諸衆生
뵙기만 하면 슬기는 밝아 예리해졌고	見則慧明利
한량이 없는 나쁜 업의 허물도	無量惡業過
뵙기만 하면 제각기 통달하는 길 얻었습니다.	見各得通塗
55 하루아침에 길이 잠드심이여!	一旦忽長眠
그 누가 다시 그런 덕 드러낼까?	誰復顯斯德

이 세간은 구호할 사람 없어 世間無救護
희망이 끊어지고 숨길이 막혔습니다. 望斷氣息絶

56 누가 맑고 시원한 물로써 誰以淸涼水
그것에 뿌려 살아나게 하랴? 灑之令蘇息
할 일은 스스로 해 마치시고 所作自事畢
크게 슬퍼하는 마음 이미 길이 쉬셨습니다. 大悲已長息

57 이 세간 어리석음의 그물 世間愚癡網
누가 반드시 파괴하고 찢으며 誰當爲壞裂
나고 죽음의 빠른 흐름을 향해 向生死迅流
누가 반드시 그것을 되돌리라고 말하랴? 誰當說令反

58 중생의 어리석고 미혹한 마음에 群生癡惑心
누가 적정한 도를 말하며 誰說寂靜道
누가 편안한 곳을 보이고 誰示安隱處
누가 진실한 이치를 드러내며 誰顯眞實義
중생들은 큰 고통을 받으니 衆生受大苦
누가 자부가 되어 구제하랴? 誰爲慈父救

59 마치 많이 외운 것죄다 잊고 猶多誦志忘
말이 낯선 땅에서 위엄 잃고 馬易土失威
임금이 나라를 잃은 것처럼 王者亡失國
세상에 부처님 없음 또한 그러하구나. 世無佛亦然

60 알아도 말솜씨 없고 多聞無辭辯
의사가 되어 슬기 없으며 爲醫而無慧
임금은 빛나는 모양을 잃은 듯 人王失光相
부처님 가시자 세속은 빛을 잃었습니다. 佛滅俗失榮

61 좋은 말은 좋은 말몰이 잃고 良駟失善御
태우는 배는 뱃사공 잃고 乘舟失船師
삼군은 훌륭한 장군을 잃고 三軍失英將
장사꾼은 길잡이 잃고 商人失其導

62 앓는 이는 좋은 의사를 잃고 疾病失良醫
성왕은 일곱 가지 보배를 잃고 聖王失七寶
뭇 별은 달을 잃고 衆星失明月
목숨을 사랑하는 이 목숨 잃은 것처럼 愛壽而失命
이 세상 역시 그와 같아서 世間亦如是

부처님 입멸하시자 큰 밝음을 잃었습니다.' 佛滅失大明

63 위와 같이 부처님께서는 如是阿羅漢
할 일을 이미 다해 마치고 所作皆已畢
모든 번뇌는 이미 다하셨으나 諸漏悉已盡
은혜를 알고 은혜를 갚으신 까닭으로 知恩報恩故
슬퍼하고 아쉬워해 되풀이 해 말하고 纏綿悲戀說
덕 찬탄하고 세상 고통 펴 놓습니다. 歎德陳世苦

64 아직 탐욕을 떠나지 못한 이는 諸未離欲者
슬피 울면서 어쩔 줄 모르고 悲泣不自勝
모든 번뇌가 다한 사람은 其諸漏盡者
오직 나고 죽음의 괴로움만 한탄합니다. 唯歎生滅苦

65 그 때에 모든 역사들 時諸力士衆
부처님께서 이미 열반하셨단 말씀을 듣고 聞佛已涅槃
어지러운 소리로 슬피 통곡할 때 亂聲慟悲泣
고니 떼가 독수리를 만난 것 같았습니다. 如群鵠遇鷹

66 모두 몰려 쌍수로 나아가 悉來詣雙樹

여래께서는 영원히 잠드셔서 觀如來長眠
다시 깨어날 형용이 없자 無復覺悟容
가슴을 치며 하늘을 부르니 搥胸而呼天
마치 사자가 송아지 칠 때 猶獅子搏犢
뭇 소들 어지러이 울부짖음 같았습니다. 群牛亂呼聲

67 그 중에 한 역사 中有一力士
마음은 이미 정법을 좋아 했는데 心已樂正法
거룩한 법왕 이미 니르바나에 諦觀聖法王
드신 모습 분명히 보고 말했습니다. 已入於大寂

68 '중생들 모두 잠들었을 때 言衆生悉眠
부처님께서 깨워 일어나게 하시더니 佛開法令覺
이제 도리어 니르바나에 드셔서 今入於大寂
끝끝내 영원히 잠드셨습니다. 畢竟而長眠

69 중생들 위해 법 깃대 세우셨더니 爲衆建法幢
지금 하루아침에 무너지셨구나! 而今一旦崩
여래는 지혜의 태양으로서 如來智慧日
크게 깨달아 밝게 비추셨습니다. 大覺爲照明

70 정진은 뜨거운 불꽃이 되고 精進爲炎熱
지혜는 일천 광명 빛내어 智慧耀千光
일체 어두움을 소멸하시더니 滅除一切闇
어찌 다시 영원히 어둡습니까? 如何復長冥

71 한 슬기는 삼세를 비추어 一慧照三世
널리 중생의 눈이 되셨더니 普爲衆生眼
지금은 갑자기 장님이 되어 而今忽然盲
온 세상이 나아갈 길 모르겠습니다. 擧世莫知路

72 나고 죽음은 큰 강물이요 生死大河流
탐욕과 성냄과 어리석음은 큰 파도 貪恚癡巨浪
법의 다리 하루아침에 무너지셨으니 法橋一旦崩
중생들은 오랫동안 빠지겠습니다.' 衆生長沒溺

73 그 모든 역사들 彼諸力士衆
혹은 슬피 울어 부르짖으며 或悲泣號咷
혹은 소리 없이 가만히 근심하고 或密感無聲
혹은 몸을 던져 땅에 뒹굴며 或投身躄地
혹은 잠자코 깊은 생각에 들고 或寂默禪思

혹은 번민하여 길게 신음했습니다.	或煩寃長吟
74 금과 은으로써 꾸민 보배 상여	辦金銀寶輿
향과 꽃으로써 빠짐없이 꾸미고	香花具莊嚴
여래의 몸을 편안히 모시고	安置如來身
보배 장막으로써 그 위를 덮었습니다.	寶帳覆其上
75 당과 번과 꽃 일산을 갖추고	具幢幡華蓋
장엄한 악대와	種種諸伎樂
모든 역사의 남녀들	諸力士男女
앞뒤에서 모시고 공양을 올렸습니다.	導從隨供養
76 모든 하늘 사람들은 향과 꽃 뿌리고	諸天散香花
공중에서는 하늘 음악 연주하니	空中鼓天樂
사람들과 하늘사람들이	人天一悲歎
한결같이 슬퍼하며 탄식하고	
소리를 합해 같이 서러워했습니다.	聲合而同哀
77 성안에 들어가니 남녀노소 구별 없이	入城見士女
뵙고 공양 올리기를 마치고	長幼供養畢

용상문을 나와 　出於龍象門
희란야강을 건너 　度凞連河表
과거의 모든 부처님 다비하시던 　到諸過去佛
차이트야에 이르셨습니다. 　滅度支提所

78 붉은 찬다나향과 　積牛頭栴檀
또 갖가지 이름 있는 향나무 쌓고 　及諸名香木
부처님을 그 위에 모시고 　置佛身於上
또 가지가지 향유를 붓고 　灌以衆香油
그 밑에다 불을 붙이기를 　以火燒其下
세 번이나 붙였으나 타지 않았습니다. 　三燒而不燃

79 그 때에 저 마하-카샤파 　時彼大迦葉
전부터 라자그리하에 있다가 　先住王舍城
부처님께서 니르바나에 드시련다는 말을 듣고 　知佛欲涅槃
그 권속을 데리고 거기서 오셨습니다. 　眷屬從彼來

80 깨끗한 마음으로써 묘한 서원을 세워 　淨心發妙願
세존의 몸 뵈옵기 소원하니 　願見世尊身
그 정성된 소원 때문에 　以彼誠願故

불은 꺼지고 붙지 않았습니다. 火滅而不燃

81 카샤파와 그 권속 이르러 迦葉眷屬至
슬피 탄식하면서 얼굴을 우러르고 悲歎俱瞻顏
두 발에 공경하여 예배하니 敬禮於雙足
그러고야 비로소 불이 붙었습니다. 然後火內燃

82 안으로 번뇌의 불 끊어졌으나 內絕煩惱火
바깥 불은 그것을 태우지 못했고 外火不能燒
비록 가죽과 살은 태웠으나 雖燒外皮肉
금강 같은 참 뼈는 남았습니다. 金剛眞骨存

83 향기름 이미 다 타고 난 뒤에 香油悉燒盡
금병에 그 영골을 담았습니다. 盛骨以金瓶
법계가 다하지 않는 것처럼 如法界不盡
영골이 다하지 않음 또한 그랬습니다. 骨不盡亦然

84 금강과 같은 지혜 열매는 金剛智慧果
움직이기 어려움 수메류산 같아 難動如須彌
저 힘센 가루다도 大力金翅鳥

능히 움직여 옮기지 못했으나 所不能傾移
그런데 그 보배 병에 계시면서 而處於寶瓶
세상에 부응하여 널리 퍼졌습니다. 應世而流遷

85 이상하도다. 세간의 힘이여 奇哉世間力
적멸의 법을 잘 펼치며 能轉寂滅法
그 덕의 기림은 널리 유포되어 德稱廣流布
시방에 두루 가득 찼건만 周滿於十方
세상을 따라 길이 적멸하시고 隨世長寂滅
오직 영골만 남아 있도다! 唯有餘骨存

86 큰 광명이 천지를 비추어 大光耀天下
중생들 모두 그 광명에 젖더니 群生悉蒙照
하루아침에 빛을 감추고 一旦而潛暉
사리만 병 안에 남겼습니다. 遺骨於瓶中

87 금강과 같은 날카로운 지혜는 金剛利智慧
번뇌의 괴로운 산을 부수어 壞煩惱苦山
온갖 괴로움이 그 몸에 모였어도 衆苦集其身
금강과 같은 뜻은 능히 편안했습니다. 金剛志能安

88 큰 고통을 받는 모든 중생들　受大苦衆生
모두 그 고통 소멸하게 하시더니　悉令得除滅
그러한 금강과 같으셨던 몸도　如是金剛體
이제는 불이 태워버렸구나.　今爲火所焚

89 그 모든 역사 무리들　彼諸力士衆
용맹하고 건장하기 세상에 짝이 없어　勇健世無雙
원수들이 주는 고통 꺾어 항복 받았고　摧伏怨家苦
괴로운 이 구제해 돌아오게 했고　能救苦歸依

90 친한 사람 고통을 받을 때에도　親愛遭苦難
뜻이 굳세 근심하지 않을 수 있었습니다.　志强能無憂
이제 여래의 멸도하심 보고는　今見如來滅
모두 근심하고 슬퍼하며 눈물 흘립니다.　悉懷憂悲泣

91 건장한 몸에 기운은 왕성하고　壯身氣强盛
교만은 하늘까지 걸어갈 만하더니　憍慢虛天步
이제 근심과 괴로움 그 마음 핍박하여　憂苦迫其心
성으로 들어갈 때 마치 광야 같았습니다.　入城猶曠澤

92 사리를 모시고 성안으로 들어갈 때 持舍利入城
거리마다 사람들 모두 공양을 올렸고 巷路普供養
높은 다락에 모셔 두자 置於高樓閣
하늘 사람들과 인간들이 모두 받들고 섬겼습니다. 人天悉奉事

28
사리를 나누다

1 그 모든 역사들	彼諸力士衆
사리를 받들어 섬김에	奉事於舍利
훌륭하고 묘한 향과 꽃으로써	以勝妙香花
최고의 공양을 올렸습니다.	興無上供養
2 그 때에 일곱 나라 모든 왕들은	時七國諸王
부처님께서 이미 멸도하심 듣고	承佛已滅度
그 역사들에게 사자 보내어	遣使詣力士
부처님의 사리를 간청했습니다.	請求佛舍利
3 그 모든 역사들	彼諸力士衆
여래를 공경하고 존중했으나	敬重如來身
또한 자기들의 용맹만 믿고	兼恃其勇健
교만한 마음 내었습니다.	而起憍慢心

4 '차라리 이 목숨 버릴지언정 寧捨自身命
부처님의 사리는 내놓지 않겠다.' 不捨佛舍利
사자들이 빈손으로 돌아가자 彼使悉空還
일곱 나라 왕들은 크게 성냈습니다. 七王大忿恨

5 군사를 일으켜 비 실은 구름처럼 興軍如雲雨
쿠시나가라 성으로 몰려 왔습니다. 來詣鳩夷城
백성으로서 성 밖에 나갔던 사람 人民出城者
모두 놀라고 두려워 돌아와 悉皆驚怖還
모든 역사들에게 알렸습니다. 告諸力士衆

6 '여러 나라 군사들 몰려왔는데 諸國軍馬來
상병과 마병과 거병과 보병이 象馬車步衆
쿠시나가라 성을 에워쌌습니다. 圍繞鳩夷城

7 도성 밖에 있는 모든 공원의 城外諸園林
샘물과 못과 꽃과 열매와 과실나무를 泉池花果樹
군사들이 모두 짓밟아 버려 軍衆悉踐蹈
빛나는 경치 모두 못 쓰게 되었습니다.' 榮觀悉摧碎

8 역사들 성에 올라 바라보니 力士登城觀
생업 터전 죄다 파괴됨을 보고 生業悉破壞
전투준비 철저히 해서 嚴備戰鬪具
바깥 도적과 맞섰습니다. 以擬於外敵

9 쇠뇌 화살과 돌을 날리는 수레 弓弩挽石車
불덩이 날리는 수레도 다 왔습니다. 飛炬悉發來
일곱 왕이 그 성을 에워싸고 七王圍繞城
군사들은 모두 용맹하고 날랬습니다. 軍衆各精銳

10 근위대는 씩씩하고 밝게 드러나 羽儀盛明顯
마치 일곱 개 별같이 빛나며 猶如七耀光
종과 북소리는 우레와 같고 鐘敲如雷霆
군사들 용기는 운무와 같았습니다. 勇氣盛雲霧

11 역사들은 크게 성내어 力士大奮怒
성문을 열고 '적을 치라.' 명령했습니다. 開門而命敵
그러나 나이 많은 모든 남녀들 長宿諸士女
마음으로 부처님 법 믿는 사람은 心信佛法者

12 놀라고 두려워하며 정성껏 소원하기를 驚怖發誠願
저들을 항복 받아도 해치지는 말았으면, 伏彼而不害
친함을 따라 서로 권고하여 隨親相勸諫
싸움하지 말기를 바랐습니다. 不欲令鬪戰

13 그리고 용사들은 겹 갑옷 입고 勇士被重鉀
창을 휘두르며 장금으로써 춤추며 揮戈舞長劍
종과 북소리 어지러이 울리면서 鐘鼓而亂鳴
무기는 들었으나 아직 접전하지 않았습니다. 執仗鋒未交

14 그 때에 어떤 수행자 有一婆羅門
그 이름 도로나 名曰獨樓那
많이 알고 지략이 뛰어나고 多聞智略勝
겸손하여 많은 이의 존경을 받았습니다. 謙虛衆所宗

15 자비롭고 바른 법 좋아 했는데 慈悲樂正法
그는 모든 왕들에게 가서 말했습니다. 告彼諸王言
'저 성의 형세를 알아보니 觀彼城形勢
한 분 대왕이 감당할 수 있겠습니다. 一人亦足當

16 하물며 여러 분이 마음과 힘을 합하니 況復齊心力
저들을 쉽게 항복 받을 테지요. 而不能伏彼
설령 저를 무찔러 멸망시킨다 한들 正使相摧滅
거기에 무슨 덕이 있다 말할 수 있겠습니까? 復有何德稱

17 날카로운 무기가 이미 서로 맞붙으면 利鋒刃旣交
그 형세 둘 다 안전할 수 없으니 勢無有兩全
나를 곤하게 하고 저를 해쳐 困此而害彼
양쪽 다 상함이 있을 뿐입니다. 二俱有所傷

18 싸움이란 기회와 변화가 많아 鬪戰多機變
그 형세 헤아리기 어려우니 形勢難測量
대개 강함이 약함을 이기지만 或有强勝弱
간혹 약하고도 강함을 이길 수 있으니 或弱而勝强
힘센 이라고 독사 업신여기면 健夫輕毒蛇
어찌 그 몸 다치지 않을 수 있겠습니까? 豈不傷其身

19 어떤 사람 성질이 부드럽고 약해 有人性柔弱
뭇 여자들의 칭찬을 받지만 群女子所奬
전쟁터에 나와 전사가 되면 臨陣成戰士

마치 불이 기름을 얻은 것같기도 합니다. 如火得膏油

20 전투에 약한 적을 가벼이 여기거나 鬪莫輕弱敵
저들은 감당할 수 없다고 말하지만 謂彼無所堪
몸의 힘이란 족히 믿을 것없고 身力不足恃
법의 힘이 강함만 같지 못합니다. 不如法力强

21 옛날에 훌륭한 왕이 있었는데 古昔有勝王
그의 이름은 카란다마라 名迦蘭陀摩
그는 단정히 앉아 사랑하는 마음 내어 端坐起慈心
능히 큰 원수의 적 항복 받았습니다. 能伏大怨敵

22 대왕들은 비록 네 천하의 왕으로서 雖王四天下
좋은 이름이 있고 재물이 많더라도 名稱財利豐
끝에는 돌아가 죄다 없어질 텐데 終歸亦皆盡
소가 한껏 물마시면 돌아가는 것같습니다. 如牛飮飽歸

23 마땅히 법으로써 하고 의리로써 하며 應以法以義
반드시 화해의 방편을 쓰십시오. 應以和方便
싸워서 이기면 원수를 만들지만 戰勝增其怨

화해로써 이기면 뒷근심 없습니다. 和勝後無患

24 지금 피를 마시고 원수를 맺는 것 今結飮血讎
이 일은 매우 옳지 못합니다. 此事甚不可
만일 부처님께 공양을 올리려거든 爲欲供養佛
부처님의 인욕을 따르심이 마땅합니다.' 應隨佛忍辱

25 위와 같이 그 바라문은 뜻을 결정하고 如是婆羅門
성실한 말을 하되 決定吐誠實
방법에 맞고 의리와 이치에 합당하여 方宜義和理
두려움 없이 말했습니다. 而作無畏說

26 그 때에 모든 왕들은 爾時彼諸王
그 바라문에게 말했습니다. 告婆羅門言
'그대는 지금 때를 잘 맞추어 汝今善應時
지혜로운 이치로 이익 되게 했소. 黠慧義饒益

27 친밀하고 지극하고 정성된 말은 親密至誠言
법을 따랐고 이치에도 알맞았소. 順法依强理
그러나 잠깐 우리 말 들으시오. 且聽我所說

무릇 왕이 된 자의 법이란 爲王者之法

28 혹은 오욕을 채우려 싸우고 或因五欲諍
미워하고 원망하며 강한 힘으로 경쟁하오. 嫌恨競强力
혹은 즐거운 유희로 인해 싸우고 或因其嬉戲
급하지 않아도 전쟁을 합니다. 不急致戰爭

29 우리들은 지금 법을 위함이니 吾等今爲法
전쟁이 무엇이 괴이타 하겠소. 戰爭復何怪
교만하고 또 이치에 어긋나도 憍慢而違義
세상사람 오히려 복종하는데 世人尙伏從

30 하물며 부처님은 교만을 떠나 況佛離憍慢
사람을 교화하여 겸손하게 하셨는데 化人令謙下
그런데 우리들은 몸을 굽혀도 我等而不能
부처님 사리에 공양을 올릴 수 없소. 亡身而供養

31 옛날의 여러 국왕들로서 昔諸大地主
필실아난다는 弼瑟阿難陀
한 단정한 여자를 위해 爲一端正女

전쟁하여 서로 꺾으려다가 멸망했소.	戰爭相摧滅
32 하물며 지금 맑고 깨끗한	況今爲供養
탐욕을 떠난 스승님께 공양을 올리려 함이니	淸淨離欲師
어찌 몸을 사랑하고 목숨을 아껴서	愛身而惜命
힘으로써 다투어 구하지 않겠소.	不以力爭求
33 옛날의 왕 카우라바가	先王驕羅婆
피안나비와 싸울 때	與般那婆戰
계속하여 서로 쳐부순 것은	展轉更相破
바로 이익을 탐함이었소.	正爲貪利故
하물며 탐욕이 없는 스승님을 위하며	況爲無貪師
다시 나기를 탐할 것인가?	而復貪其生
34 저 라마 선인의 아들은	羅摩仙人子
천비왕에게 미워하는 원한을 품고	嗔恨千臂王
나라를 부수고 백성을 죽이니	破國殺人民
바로 성났기 때문이었으나	正爲瞋恚故
하물며 성냄이 없었던 스승님을 위하며	況爲無恚師
이 몸과 목숨을 아낄 것인가?	而惜於身命

35 아라마 태자는 시타 아씨 얻기 위해 羅摩爲私陀
모든 귀신 나라를 쳐부수었으니 殺害諸鬼國
하물며 섭수하신 스승님 위하여 況無攝受師
이 목숨 버리는 일 안할 수 없습니다. 不爲其沒命

36 아리 귀신과 파구 귀신 阿利及婆俱
두 귀신은 언제나 원수 맺고 二鬼相結怨
바로 어리석기 때문에 正爲愚癡故
널리 중생을 해쳤소. 廣害於衆生

37 하물며 지혜로운 스승님을 위하며 況爲智慧師
이 몸과 목숨을 아낄 것인가? 而復惜身命
위와 같이 즐비한 많은 무리들 如是比衆多
아무 옳음도 없이 스스로 망했소. 無義而自喪

38 하물며 지금 천상과 인간의 스승님 況今天人師
두루 이 세상의 공경을 받거늘 普世所恭敬
몸을 헤아리고 목숨을 아껴 計身而惜命
힘써 공양을 올리려 하지 않겠소. 不勤求供養

39 그대가 만약 이 싸움 그치게 하려거든	汝若欲止爭
우리를 위해 저 성에 들어가	爲吾等入城
저들에게 권하여 깨치게 하여	勸彼令開解
우리의 소원 이루게 하시오.	使我願得滿
40 그대의 법다운 말로 인해	以汝法言故
우리들은 마음이 조금은 가라앉았으나	令我心小息
그것은 마치 사나운 독사가	猶如盛毒蛇
주력 때문에 조금 고요해진 것과 같소.'	呪力故暫止
41 그 때에 그 바라문은	爾時婆羅門
여러 왕들의 부탁을 받고	受彼諸王敎
성으로 들어가 역사들에게 나아가	入城詣力士
인사한 뒤에 진심을 말했습니다.	問迅以告誠
42 '저 바깥의 여러 왕들은	外諸人中王
손에는 날카로운 무기를 잡고	手執利器仗
그 몸에는 겹으로 된 갑옷을 입고	身被於重鎧
용맹하고 날랜 군사 햇빛에 번쩍이며	精銳耀日光

43 사자 같은 용기를 떨쳐 일으켜 奮獅子勇氣
모두 이 성을 쳐부수려 하는데 咸欲滅此城
그러나 그것은 법을 위함이요, 然其爲法故
법 아닌 행동일까 두려워했소. 猶畏非法行

44 그러므로 나를 여기 보냈으니 是故遣我來
내가 여기 온 뜻을 말하려 하오. 旨欲有所白
나는 토지를 위해서도 아니요, 我不爲土地
또한 재물을 구해서도 아니며, 亦不求錢財

45 교만한 마음을 가진 것도 아니요 不以憍慢心
또한 원망하는 마음 품지도 않았소. 亦無懷恨心
다만 부처님을 공경하기 때문에 恭敬大仙故
나는 지금 이곳에 이르렀소. 而來至於此

46 그대들은 반드시 나의 뜻을 이해하시오. 汝當知我意
무엇하러 괴로이 서로 버티겠소. 何爲苦相違
높은 이 받들기는 피차 같거니 尊奉彼我同
법으로는 서로가 형제입니다. 則爲法兄弟

47 세존께서 남기신 영골에　世尊之遺靈
한마음으로 함께 공양을 올리시오.　一心共供養
재물을 아끼고 아까워하는 것　慳惜於錢財
그것은 곧 큰 허물 아니지만　此則悲大過

48 법을 아껴 감추려는 허물 가장 심해서　法慳過最甚
온 세상에 가벼이 여김을 받소.　普世之所薄
끝까지 이 뜻이 통하지 않으면　決定不通者
마땅히 손님 접대의 법을 지키시오.　當修待賓法

49 크샤트리야의 법이 없거든　無有剎利法
문을 닫고 스스로 버티어 보시오.　閉門而自防
저들에게 모두 위와 같이　彼等悉如是
이 길하고 흉한 법 알렸소.　告此吉凶法

50 나도 이제 나의 생각을　我今私所懷
또한 거짓 없이 진실을 말하겠소.　亦告其誠實
피차에 서로 어기지 말고　莫彼此相違
서로 화합하는 것도리에 당연하오.　理應共和合

51 세존께서는 세상에 계실 때에 世尊在於世
언제나 인욕으로써 가르치셨으니 常以忍辱教
그 거룩한 가르침 따르지 않으면 不順於聖教
어떻게 '공양을 올린다.' 말하겠소. 云何名供養

52 세상 사람은 다섯 가지 욕심으로써 世人以五欲
재물과 밭과 집을 다투지만 財利田宅諍
만일 바른 법을 위하는 이라면 若爲正法者
성인의 이치를 따라야 하오. 應隨順聖理

53 법을 위하여 원수 맺는 것 爲法而結怨
그것은 곧 이치에 서로 어긋나오. 此則理相違
부처님의 고요함과 자비로움은 佛寂靜慈悲
언제나 일체를 편안하게 하려 하셨소. 常欲安一切

54 대비하신 분께 '공양을 올린다.' 하면서 供養於大悲
도리어 큰 해를 일으키다니 而興於大害
마땅히 사리를 고루 나누어 應等分舍利
두루 공양을 올릴 수 있게 한다면 普令得供養

55 법에 순종하여 좋은 이름 퍼지고 順法名稱流
정의가 이치에 통하여 바로 알려진다오. 義通理則宣
혹 그들의 행동이 법이 아니더라도 若彼非法行
마땅히 법으로써 그들과 화해하시오. 當以法和之

56 그것은 곧 법을 즐겨함 되어 是則爲樂法
법을 오래 머물 수 있게 하오. 令法得久住
부처님께서 '일체 보시중에 佛說一切施
법 보시가 가장 훌륭하다.' 하셨고 法施爲最勝

57 사람들은 재물 보시 행하지만 人斯行財施
법 보시 행하기는 더욱 어렵소.' 行法施者難
역사들은 바라문의 이 말을 듣고 力士聞彼說
마음으로 부끄러워 서로 바라보면서 內愧互相視

58 그 바라문에게 대답했습니다. 報彼梵志言
'그대가 온 뜻에 깊이 감사합니다. 深感汝來意
친선맺고 법에 순종하라는 말씀 親善順法言
이치에 맞고 우아하고 바른 말씀 和理雅正說

59 수행자님이 하신 일은 梵志之所應
스스로의 공덕에 그대로 따랐으며 隨順自功德
저와 우리 사이를 잘 화해시켰고 善和於彼此
우리에게 요긴한 길 보였습니다. 示我以要道

60 마치 길을 헤매는 말을 제어해 如制迷道馬
바른 길로 돌아가게 한 것과 같습니다. 還得於正路
지금 상용되고 이치에 통하는 今常用和理
그대가 말한 그대로 따르겠소. 從汝之所說

61 정성된 말씀은 돌아보지 않으면 誠言而不顧
뒷날에 반드시 뉘우침 생깁니다.' 後必生悔恨
곧 부처님의 사리함 열어 卽開佛舍利
여덟 몫으로 고루 나누어 等分爲八分
한몫은 역사들이 공양을 올렸고 自供養一分
바라문에게는 일곱 몫을 부탁했습니다. 七分付梵志

62 그 일곱 왕들은 사리를 얻어 七王得舍利
기뻐하면서 공손히 받아 歡喜而頂受
자기들 나라로 모시고 돌아가 持歸還自國

탑을 이루어 공양을 올렸습니다.　起塔加供養

63 수행자는 다시 역사들을 찾아서　梵志求力士
나누어 준 빈 사리병을 얻고　得分舍利瓶
또 그 일곱 왕에게 가서　又從彼七王
나누기 청구해 십분의 일씩을 얻어　求分第八分
가지고 돌아가 차이트야를 세우고　持歸起支提
그것을 금병탑이라 명명했습니다.　號名金瓶塔

64 그리고 또 쿠시나가라 사람들은　俱夷那竭人
그 남은 재와 숯을 끌어 모아서　聚集餘灰炭
한 탑을 세웠으니　而起一支提
그것은 회탄탑이라 명명했습니다.　名曰灰炭塔

65 일곱 왕과 역사들이 여덟 개의 탑을 세우니　八王起八塔
금병탑과 회탄탑 등과　金瓶及灰炭
이리하여 잠부드비파에　如是閻浮提
비로소 열 탑이 세워졌습니다.　始起於十塔

66 온 나라의 모든 선남선녀들　擧國諸士女

모두 보배로 만든 꽃 일산 가지고 悉持寶花蓋
그 탑들을 찾아가 공양을 올렸으니 隨塔而供養
그 장엄함은 마치 금산 같았습니다. 莊嚴若金山

67 가지가지 모든 음악을 연주하며 種種諸伎樂
밤낮을 쉬지 않고 길이 찬탄했습니다. 晝夜長讚嘆
그 때에 오백 나한 스님들은 時五百羅漢
큰 스승님의 음덕을 영원히 잃고 永失大師蔭

68 의지할 데 없음이 두려워 恇然無所恃
깃자쿠타산에 돌아가 還耆闍崛山
제석암 주위에 집합하여 集彼帝釋巖
모든 경장을 결집할 즈음에 結集諸經藏
그들은 죄다 함께 一切皆共推
장로 아난다를 추대했습니다. 長老阿難陀

69 '여래께서 늘 하신 말씀들 如來前後說
크고 작은 경전 내용 그대는 모두 들었으니 巨細汝悉聞
비제혜 무니는 鞞提醯牟尼
이 대중들 위해 마땅히 그대로 말씀하시오.' 當爲大衆說

70 아난다는 대중 앞에서 阿難大衆中
사자좌에 올라 昇御獅子座
부처님 말씀하신 그대로 말하려고 如佛說而說
'저는 아래와 같이 들었습니다.' 라고 稱如是我聞
경전의 모두를 말씀하셨습니다.

71 함께 들은 오백 나한님들 눈물을 흘리고 合座悉涕流
'저는 들었습니다.' 하는 그 소리에 감격해 感此我聞聲
그 법도 같고 그 때도 같으며 如法如其時
그 처소도 같고 그 사람도 같았습니다. 如處如其人
그 말을 따라 붓으로 받아쓰니 隨說而筆受
그렇게 해 드디어 경장은 이루어졌습니다. 究竟成經藏

72 부지런한 방편으로 배우고 수행하여 勤方便修學
모두 다 니르바나 얻게 되었으니 悉已得涅槃
현재에 얻고 미래에도 얻을 今得及當得
그 니르바나 또한 그러했습니다. 涅槃亦復然

73 아쇼카왕이 세상에 나왔을 때 無憂王出世
강한 자는 능히 근심하게 하고 强者能令憂

약한 이는 근심 덜어 주었으니	劣者爲除憂
마치 무우화나무 같았습니다.	如無憂花樹
74 잠부드비파에서 왕이 되어	王於閻浮提
마음은 언제나 근심하는 일 없고	心常無所憂
바른 법에 대하여 깊이 믿었으니	深信於正法
그러므로 무우왕이라 불렀습니다.	故號無憂王
75 그는 공작 종족의 후손으로서	孔雀之苗裔
바른 성품을 받아 태어났으니	禀正性而生
온 천하를 두루 건지고	普濟於天下
아울러 모든 탑과 불적 일으켰습니다.	兼起諸塔廟
76 본래는 강무우라 명명했고	本字强無憂
뒤에는 법무우라 명명했습니다.	今名法無憂
그는 일곱 왕이 만든 탑 열고	開彼七王塔
거기서 사리를 내어 모시고	以取於舍利
그것을 나누어 빠른 시일 안에	分布一旦起
팔만사천 기의 탑을 세웠습니다.	八萬四千塔

77 그 중에 오직 여덟째 탑은 唯有第八塔
저 나아마 마을에 있어 在於羅摩村
귀신과 용들이 지켜 보호해 神龍所守護
왕이 모셔내려 했으나 얻지 못했습니다. 欲取不能得

78 비록 사리를 얻지는 못해도 雖不得舍利
부처님의 남기신 영골 거기 있기에 知佛有遺靈
귀신과 용들이 공양을 올릴 줄 알고 神龍所供養
믿고 공양하는 마음 더욱 더했습니다. 增其信敬心

79 왕은 비록 나라 다스리고 있었지만 雖王領國土
첫 거룩한 과를 얻었으니 逮得初聖果
능히 온 천하 백성들로 하여금 能令普天下
여래의 탑에 공양을 올리게 했습니다. 供養如來塔

80 그리하여 과거에도 미래에도 또 현재도 去來今現在
모두 해탈 얻었고, 얻을 것이요, 얻게 하니 悉皆得解脫
여래가 현세에 계실 때와 같이 如來現在世
니르바나 및 사리에 涅槃及舍利
공경하고 또 공양을 올리는 사람은 恭敬供養者

복이 똑같아 다름이 없습니다. 其福等無異

81 밝은 슬기로 더하고 높이는 마음으로 明慧增上心
여래의 그 덕을 깊이 살펴 深察如來德
도를 생각하고 공양 올림을 일으키면 懷道興供養
그 복도 또한 함께 훌륭합니다. 其福亦俱勝

82 부처님은 훌륭하고 높은 법 얻었으므로 佛得尊勝法
마땅히 일체 공양을 받을 만하고 應受一切供
이미 죽지 않는 곳에 이르렀으니 已到不死處
믿는 이도 또한 따라서 편안하므로 信者亦隨安
그러므로 모든 하늘 사람과 세상 사람들 是故諸天人
마땅히 죄다 언제나 공양을 올린답니다. 悉應常供養

83 제일 되시는 큰 자비 第一大慈悲
제일 되는 이치를 통달하셔서 通達第一義
일체 중생을 건지셨으니 度一切衆生
그 누가 듣고 감동하지 않겠습니까? 孰聞而不感

84 나고 늙고 병들고 죽는 괴로움 生老病死苦

세상 괴로움에는 그에 더한 것없고 世間苦無過
죽음의 괴로움은 고통 중에도 큰 것 死苦苦之大
모든 하늘 사람들도 두려워하므로 諸天之所畏
두 가지 고통 영원히 떠났거니 永離二種苦
어떻게 공양을 올리지 않겠습니까? 云何不供養

85 뒷세상의 목숨을 받지 않는 즐거움 不受後有樂
세상에는 그 위의 즐거움 없거니 世間樂無上
더 태어나야 하는 괴로움의 크기는 增生苦之大
세상의 괴로움으로는 비길 수 없습니다. 世間苦無比

86 부처님께서는 태어나는 괴로움 떠나셨고 佛得離生苦
뒷몸을 받지 않는 즐거움 얻어 不受後有樂
세상을 위해 널리 드러내 보이셨으니 爲世廣顯示
어떻게 공양을 올리지 않고 如何不供養
모든 부처님 높은 공덕 찬탄하지 않겠습니까? 讚諸牟尼尊

87 내가 처음부터 끝까지 한 일은 始終之所行
스스로 알고 본 것드러내지 않고 不自顯知見
또한 명성과 이익 구하지 않고 亦不求名利

불경의 말씀을 따른 것이며, 隨順佛經說
이는 모든 세상 사람을 구제하기 위함입니다. 以濟諸世間

어려운 말풀이

ㄱ

가루라【迦樓羅】: garuḍa. 용을 잡아 먹는다는 새. 금시조의 인도 옛말.

가사【袈裟】: 범어 kaṣāya. 스님이 된 분들이 입는 격식에 맞는 옷.

각【覺】: 대충하는 생각.

각관【覺觀】: 대충 사유함을 각, 자세히 사유함을 관이라 함.

감로법【甘露法】: 불법을 서정적으로 나타낸 말. 부처님의 가르침이 몸과 마음을 안락하게 하는 것이 감로라는 하늘이 내리는 단물과 같다는 뜻.

감자왕: 부처님의 까마득한 옛 선조 명칭.

강가【恒伽】: 갠지스의 다른 표기 → 항하수.

갠지스【恒伽】: 고대 인도어 Ganga의 가차, 지금의 갠지스 강을 말함.

거사【居士】: 범어 gṛhapati의 한자 역어. 세속에 살면서 부처님께 귀의하여 부처님의 가르침대로 사는 남자를 말함.

건달바【乾闥婆】: 범어 gandharva. 하늘의 음악을 관장하는 음악신.

걸사【乞士】: 비구를 한자로

번역한 단어. '얻어먹고 공부하는 이' 란 뜻.

겁【劫】: 범어 kalpa 가차. 긴 시간이라 번역함. 사방 40리의 창고에 개자씨를 가득 채워 두고, 백년 마다 한 알갱이를 집어내어 개자를 다 집어내는 시간을 한 작은 겁이라 하고, 작은 겁 20겁을 한 중간 겁이라 하고, 중간 겁 4겁을 한 큰 겁이라 한다. 영겁(永劫) · 광겁(曠劫)이라고도 한다.

겁화【劫火】: 이 세상이 괴멸되어 없어질 때 일어나는 큰 불.

게송【偈頌】: 운문으로 표현한 부처님의 가르침. 여기서는 산문의 내용을 약식으로 표현했으므로 중송(重頌)을 말함.

결가부좌【結跏趺坐】: 부처님과 제자들의 앉음새. 두 다리를 교차하여 앉는다. 먼저 오른쪽 발등이 왼쪽 허벅지를 누르게 하고, 다음 왼쪽 발등이 오른쪽 허벅지를 누르게 한다. 오른손을 가부좌한 단전에 대고, 왼손등을 오른손 손바닥에 대고, 왼손엄지가 오른손 엄지를 누르게 하면서 배꼽아래 단전에 대는 듯하며, 눈길은 코끝을 응시하며 앉는 법이다. 전가부좌, 분가부좌 라고도 한다.

경장【經藏】: 부처님의 가르침을 경 · 율 · 론으로 분류하고, 뒤에 모도 '장' 자를 붙여 경장 · 율장 · 논장이라 함.

경전【經典】 : 넓은 뜻으로는 불교를 내용으로 하는 모든 책들을 불전(佛典) 또는 경전이라 하고, 좁은 뜻으로는 불교의 세 가지 큰 내용 가운데 진리를 말한 경(經), 즉 sūtra를 말함. 이 경전에서는 부처님의 가르침 전부를 일컬음.

경행【經行】 : 수행하다가 심신의 밸런스를 유지하기 위하여 일정한 장소를 조용히 걷는 운동.

계【戒】 : 범어 śīla의 한자. 행위 · 습관 · 성격 등, 좋은 것을 체득하게 하는 불교의 규칙. 재가 신도가 지키는 5계 · 8계가 있고, 출가인이 지키는 5계 · 10계 · 구족계가 있으며, 자가 신도와 출가인이 공동으로 지키는 48계가 있음.

계법【戒法】 : 부처님께서 제자들이 지키도록하신 규칙의 모두를 말함.

계빈국【罽賓國】 : 범어 Kapiśa. 가습미라에 있던 나라 이름. 지금의 카슈미르 지방. 아쇼카왕이 스님들과 불경을 이곳에 보내어 포교를 처음으로 하게 했다.

계율【戒律】 : 범어 śīla와 vinaya의 합성어. '계'는 윤리성을 나타내고, '율'은 규칙성을 나타낸다. '계'는 자율성이 강하고, '율'은 강제성을 지녔다.

계행【戒行】 : 금지 시킨 내용

을 행동으로 실천하여 나타내는 행위.

고타마 : 범어 Gotama의 가차. 한자로 구담(瞿曇), 교답마(喬答摩) 등으로 표기했다. 부처님의 종족의 성(姓)이다.

공【空】 : 범어 śūnya. 이 세상 물체는 인연을 따라 생겨났기 때문에 인연이 다하면 인연을 따라 생긴 물체도 다 없어진다. 즉 인연이 없어지면 물체가 없어지니 모든 것은 결국에 공이란 뜻이다.

공양【供養】 : 범어 pūjanā의 한자어 번역. 먹는 음식에서부터 필요한 물건 또는 장엄구 등으로 삼보에게 바치는 모든 물건을 말한다. 흔히 '부처님을 공양하다'로 번역을 하는데 잘못인 듯. '부처님께 공양을 올린다'라고 번역하는 것이 옳다. 또 '공양'으로 표기하지만 발음은 '고양'으로 하는 것이 옳다. 그 이유는 국어의 '동음생략' 법에 해당하기 때문이다. 예) 통영 → 토영.

과위【果位】 : 깨달은 자리. 공부가 성취되어 얻는 지위. 여기서는 소승 네 과의 자리를 말함.

관【觀】 : 자세히 사유하여 식별함.

관법【觀法】 : 마음으로 법이나 진리를 식별하는 방법.

교단【敎團】: 한 교주를 신봉하는 단체. 여기서는 부처님의 가르침을 따라 삶을 영위하는 제자들을 일컬음.

관정【灌頂】: 스님이 될 때 머리에 깨끗한 물이나 향수를 뿌려 세상의 번뇌를 씻는 의식. 부처님이 되는 최후의 순간 지혜의 물로서 정수리에 뿌려 여래가 됨을 증명함.

구족계【具足戒】:
범어 upasaṃpanna의 한자 역어. 출가한 스님들로서 20세가 넘은 이들이 받는 계율. 비구계라고도 함.

귀의【歸依】: 돌아가 몸을 의지함. 부처님과 법과 스님들께 의지함. 비슷한 말 - 귀명(歸命), 남무(南無) - 인도의 옛말. 한자어로 귀의, 귀명임.

그리드라쿠타산: 범어 Gṛdhrakūṭa. 한자로 기사굴산(耆闍崛山) 지금의 차타(chata)산. 경전에는 영축산(靈鷲山)으로 나온다. 중인도 마갈타국에 있는 산.

금강력사【金剛力士】: 범어 Vajrapāṇi의 역어. 금강수(金剛手)라고도 번역함. 부처님과 법과 스님들을 옹호하는 금강신 · 인왕(仁王)임. 절 문 양쪽에서 수호신으로써 신장 노릇을 하는 하늘의 신.

금강석【金剛石】: 가장 단단하여 어떤 것으로도 깨뜨릴 수 없다는 뜻이 원 관념임.

금강저【金剛杵】: 밀교 수행자가 사용하는 도구.

금시조【金翅鳥】: 범어 Garuḍa의 역어. 인도인이 신격화 한 상상의 새로서 용을 잡아먹는다고 하는 가장 큰 새.

기바【耆域】: 부처님 당시의 의사로서 당시에 뇌수술을 했던 유명한 분임.

기타 숲 외로운 이 돕는 절: 범어 Jetavānānāthapiṇḍadasyārāma의 우리말. 한자어로 기수급고독원(祇樹給孤獨園)·기다수급고독원(祇多樹給孤獨園)이라 하고, 줄여 기원·급고독원이라고도 한다. 부처님 당시에 수닷타라는 재가 불자가, 부처님과 제자들이 한 곳에서 생활하는 데 불편함이 없도록 지은 가장 큰 절. 이 절에 얽힌 설화가 현우경에 자세히 전함.

기타태자【祈陀太子】: 부처님 당시 인도 사위성 프라세나짓 왕의 태자 이름. 태자가 자기 소유의 기타림(祇陀林)을 부처님께 바침.

긴나라【緊那羅】: 범어 kiṁnara. 모습이 일정하지 않은 하늘의 음악신 가운데 하나.

ㄴ

나그로다【尼拘類樹】: 범어 nyagrodha의 한자 가차. 나무 이름. 키가 큰 교목(喬木)으로 가지와 잎이 무성함.

나무불타【南無佛】: 나무는 귀의하다. 불타는 부처님의 뜻. 즉 '부처님께 귀의한다'는 뜻임.

나찰【羅刹】: 범어 rākṣasa의 한자 가차. 두려운 존재·보호하는 이·재빠른 귀신·사람을 먹는 귀신 등의 우리말로 번역한다. 부처님 이전에는 나쁜 귀신이 있었으나 부처님께 귀의한 뒤부터 불법을 옹호하는 귀신이 되었다.

난다【難陀】: 범어 Nanda의 가차. 부처님 배다른 동생인 듯. 불 오백제자 자설본기경 난타품을 보십시오.

난타원【難陀園】: 하늘에 있는 공원 이름.

남섬부주【南贍浮洲】: 남염부제·염부제라고도 함. 옛날 인도어 Jambu-dvipa의 가차. 불교의 세계관에 의한 현재 인류가 살고 있는 지구를 가리키는 말인 듯 함.

네 가지 경계【四境界】: 오온 중에서 색·수·상·행 네 가지.

네 가지 공양【四種供養】: 의복·음식·탕약·침구 등의 물건.

네 가지 깨끗한 행동【四梵行】
1. 의로써 재물을 모으고
2. 지나친 이익을 추구하지 않고

3 법에 맞게 이익 본 재물 베풀되
4 실상이나 젠체하는 일 없는 것을 말함.(불소행찬 1권 2품 12연)

네 가지 당김 : 四大가 경계를 대하여 욕망을 일으켜 끌어 당김.

네 가지 마구니【四魔】
1 오온(색 · 수 · 상 · 행 · 식)이 모든 고통을 유발하므로 '음마(陰魔)' 라 함.
2 번뇌마(煩惱魔) : 탐욕을 위시하여 여러 가지 번뇌는 중생의 몸과 마음을 시끄럽게 하므로 '번뇌마' 라 함.
3 사마(死魔) : 죽음은 중생의 생명을 빼앗으므로 '사마' 라 함.
4 천자마(天子魔) : 욕계 제 6천의 왕은 선(善)을 방해하므로 '천자마' 라 함.

네 가지 선정【四禪】 : 범어 catvāri-dhyānāni의 역어. 사정려(四靜慮)라고도 한다. 색계 18층 하늘에서 닦는 선정 네 가지.
1 초선천 : 세 하늘에서 닦는 깨달음과 식별함이 있는 선정.
2 2선천 : 세 하늘에서 닦는 깨달음은 없고 식별함만 있는 선정.
3 3선천 : 세 하늘에서 닦는 깨달음과 식별함이 모두 없는 선정.
4 4선천 : 아홉 하늘에서 닦는 움직이지 않는 선정.

네 가지 쇠퇴【四衰】 : 생김 · 늙음 · 병듦 · 죽음의 넷은 쇠퇴를 향해 감.

네 가지 요소【四大】: 범어 mahā-bhūta. 물체의 기본요소인 흙·물·불·바람(地水火風). 불교에서 사람 몸을 구성하는 네 가지 요소가 위의 네 가지라 함.

네 가지 은혜【四恩】: 부모에게 입은 은혜·중생에게 입은 은혜·국가에게 입은 은혜·삼보에게 입은 은혜.

네 가지 이익【四利】: 이익·명예·칭찬·쾌락은 세속적인 면에서 이익임.

네 가지 진리: 범어 catvāri-satyāni의 한자어 번역. 한자어는 사제(四諦) 또는 사성제(四聖諦)라고 한다.

❶ 현실의 삶은 고통이다. 고제(苦諦)

❷ 고통의 이유. 또는 근거니 갈애(渴愛)가 그 바탕이다. 집제(集諦)

❸ 깨달을 목표니 곧 이상(理想)이다. 멸제(滅諦)

❹ 실천 수행의 수단으로서 열반에 이르는 방법이다. 도제(道諦)

위의 내용을 부연하면 인간(중생)의 생존은 괴로움이라는 것이 불변의 진리며, 그것의 원인은 갈애에서 시작되었다는 것이 불변의 진리며, 위의 두 사실을 알고 벗어나야 열반 즉 이상에 도달하는데 그 길은 여덟 가지 바른 길을 걸어야 한다는 내용이다.

네 가지 헤아릴 수 없는 마음

【四無量心】: 한없는 중생을 어여삐 여기는 마음이 헤아릴 수 없다.

1 자무량심(慈無量心) : 성냄이 없는 마음으로써 한량 없는 중생에게 즐거움을 주려는 마음. 처음은 자기가 받는 즐거움도 남이 같이 받도록 하고, 그 마음이 일체 중생에게 미치게 한다.

2 비무량심(悲無量心) : 성냄이 없는 마음으로써 남의 고통을 없애주려는 마음. 처음 가까운 이의 고통을 들어주다가 그 마음이 일체 중생에게 미치게 한다.

3 희무량심(喜無量心) : 기뻐하며 받음으로써 다른 이가 고통을 여의고, 즐거움을 얻어 희열하게 하려는 마음. 처음 가까운 이에게서 시작하여 일체 중생에게 미치게 한다.

4 사무량심(捨無量心) : 탐욕이 없는 마음을 전제로 하고, 중생을 상대하되, 가깝거나 멂의 차별을 버리고 평등하게 상대하는 마음. 처음에는 자기와 아무 관계가 없는 이에게 시작하여 차차 가까운 이에게 이르게 한다.

네 명의 신【四神】: 사천왕천의 네 왕을 말함 → 사왕천

세상을 보호하는 네 하늘 임금. 수메류산을 중심으로 동쪽에서 건달바·부단나 신을 거느리는 지국천왕. 남쪽에서 구반다·폐려다 신을 거느리는 증장천왕. 서쪽에서 용·비사사 등을 지배하는 광목천왕·북쪽에서 야차·나찰 등을 지배하는 다문천왕.

네 부류의 대중 : 불교 교단을

구성하고 있는 四部大衆의 우리말. 비구 · 비구니 · 우바시카 · 우바사카를 말함.

녹야원【鹿野苑】: 인도의 옛말. Mṛgadáva의 가차. 부처님께서 도를 깨치신 뒤, 제일 처음으로 설법하신 곳.

능인【能仁】 : 범어 Śākyamuni에서 Śākya를 석가(釋迦)라 가차하고 muni를 모니(牟尼)라 가차하며, 석가를 능인(能忍)이라 한자로 번역하고, 모니를 적묵(寂默)이라 번역함. 한글로는 '인(仁)할 수 있다' 인에는 능숙하다는 뜻으로 표현할 수 있다.

니르그란타 : 가차로 니건(尼犍). 부처님 당시 옷을 벗고 수행하던 외도의 한 종류.

니사단나【尼師但那】 : 범어 niṣidana의 가차. 비구 스님들이 늘 지니고 다니는 걸망(乞網)과 비슷한 물건.

ㄷ

다문【多聞】 : 문자의 사용이 일반화 되지 않았던 과거에는 지식의 학습을 듣는 것을 통하여 전수했다. 따라서 많이 듣는다는 것은 요새 말로는 학력이 높다는 뜻, 아는 것이 많다는 뜻으로 생각할 수 있다. 다문제일 아난다.

다섯 가지 계율 : 불교인이 지켜야 하는 기본 계율 다섯 가지.

1 살아있는 동물을 죽이지 말라.
2 주지 않는 것을 가지지 말라.
3 혼인 관계가 아닌 상대와 섹스는 하지 말라.
4 거짓말 하지 말라.
5 정신을 가누지 못 할 만큼 술 먹지 말라.

다섯 가지 뿌리 범어 : pañcendriyāṇi 한글 번역. 한자어로 오근(五根). 눈 · 귀 · 코 · 혀 · 몸.

다섯 비구【五比丘】 : 부처님께서 성도하신 뒤 최초로 녹야원에서 설법하여 제도하신 다섯 분 스님. 교진여 · 알비 · 발제 · 십력가섭 · 마남구리.

다섯 가지 쌓임【五蘊】 : 범어 pañca-skandha의 한글 역어. 옛날에는 오음(五蔭)이라고 번역했다. 다섯 가지가 화합하여 모인 것을 말함. 중생의 육신이 생멸 변화하는 것을 5종류로 분류했다.
1 색온(色蘊) 가시적인 물체로서 변화생멸하며, 다른 것을 장애하는 물질.
2 수온(受溫) 괴로움 · 즐거움 · 괴로움도 아니고 즐거움도 아닌 것을 느끼는 마음의 작용.
3 상온(想蘊) : 외계의 사물을 마음속에 받아들이고, 그것을 상상(想像)하는 마음.
4 행온(行蘊) : 일체를 조작하는 것이니 유위법을 말한다. 인연으로서 생겨나 시간적으로 천류 변화함.
5 식온(識蘊) : 의식하고 분별함이니, 즉 경계를 대하여 인식

하는 마음의 작용이다. 위의 다섯을 한자어로 '오온', 우리말로 '다섯 가지 쌓임'이라 함.

다섯 가지 신통【五神通】: 초자연적 초인간적 힘으로써 하고 싶은 대로 할 수 있는 행동 다섯 가지

1 하늘 눈.

2 하늘 귀.

3 다른 사람(동물 포함) 먹은 마음 앎.

4 지나온 세상, 올 세상의 일을 죄다 앎.

5 어디든지 갈 수 있는 능력.

다섯 가지 요소【五大】: 네 가지 요소에 공(空)을 더함.

다섯 가지 쾌락【五欲樂】: 빛깔·소리·향기·맛·감촉에 대해 욕망을 일으켜 집착함.

다섯 가지 힘: 범어 pañcabalāni의 한글 번역어. 한자어 오력(五力).

1 信力 : 믿음의 힘

2 動力 : 부지런히 정진하는 힘

3 念力 : 골똘히 생각하는 힘

4 定力 : 골똘한 생각이 하나에 집중된 힘

5 慧力 : 슬기의 힘

단견【斷見】: 다섯 견해에 하나. 만유는 무상하여 실재하지 않듯 인간도 죽으면 마음도 몸도 아주 단멸한다는 잘못된 견해.

단월【檀越】: 범어 dānapati의

가차. 물건, 또는 재화를 삼보에게 보시하는 사람을 이름.

단이슬법 → 감로법

대계【大戒】 : 비구계 · 구족계라고 한다. 부처님의 출가 제자가 받아 지키는 250가지 계율을 말함.

대사【大師】 : 원래 대도사(大導師)의 뜻으로 부처님과 보살과 아라한을 일컫던 말이었으나 지금은 스님들을 일반적으로 부르는 말이 되었다. 본래 인류의 사표로서 왕사 · 국사 등으로 쓰이던 말이었다.

대승【大乘】 : 범어 mahāyanā(대승), hinayana(소승)의 역어. 부처님의 가르침은 크게 소승과 대승으로 변별할 수 있다. 수행자가 자기의 이익만을 위하면 소승이라 하고, 수행자가 다른 이의 이익만을 위하면 대승이라 한다.

데바닷타【提婆達多】 : 범어 Devadatta의 가차. 부처님의 사촌동생으로 출가하여 스님이 되었으나 늘 부처님의 자리를 차지하려 했던 반골의 제자로서 오역죄를 지어 산채로 아비지옥에 갔다.

도감【都監】 : 절 살림을 전부 맡아 사는 사람. 여기서는 공사감독.

도과【道果】 : 위에 나오는 아라한이 된 결과를 말함. 불법을 깨달아 열반을 얻으면 '도과를 성취했다' 고 함.

도리천【忉利天】 : 범어 Trāyastriṃśa의 가차. 불교의 세계관에 의하면 하늘 나라를 욕계와 색계와 무색계로 나누고, 욕계는 인간이 사는 세계와 하늘 여섯 층이 있으며, 도리천은 하늘 여섯 층 세계 가운데 2층에 있다. 인간 세계의 100 년이 하루며 위의 시간에 의해 1,000 년을 산다. 우리 우주에서 팔만 유순(1 유순 약 30리) 거리에 있고, 평면의 하늘나라인데 선견성(善見城)을 중심하여 4방에 여덟 개의 하늘이 있어 33천이라고도 부른다.

도솔천【兜率天】 : 범어 Tuṣita-deva의 한자 가차. 욕계 여섯 하늘 가운데 네 번 째 하늘. 특히 미륵보살이 사바세계에 탄생하시기 위해 기다리는 내원궁(內院宮)이 있다.

도품【道品】 : 불도를 이루는 데 필요한 수행 덕목의 한 부분. 삼십칠조도품 등.

두 극단【二邊】 : '내가 있다', '내가 없다' 는 두 극단. 어느 쪽에도 치우치지 말아야 한다. '내가 있지도 않고, 내가 없지도 않다' 는 중도의 견해로 수행하라는 뜻으로 두 극단을 예시함.

두타【頭陀】 : 범어 dhūta의 가차. 닦고 다스림 · 깨끗이 씻음 · 삼독을 버림 · 필요 없는 것은 저절로 없어짐 등으로 번역. 스님들이 필요한 물건 18가지를 넣어두는 부대를 두타부대라 함. 의식주에 탐착하지 않고 청정하게 수행한다는 뜻의 말로 쓰임.

등정각【等正覺】 → 정각

ㄹ

라자그리하 : 범어 Rājagṛha. 한자어로 王舍城이라 번역함. 마갈타국의 수도, 한자 라열기(羅閱祇)로도 표기했음.

룸비니 : 고대인도어 Lumbini의 가차. 부처님께서 탄생하신 공원 이름. 지금 Paderia부근. 藍毘尼로 표기함. 한글로는 눔비니가 맞는 표기임.

ㅁ

마가다 : 범어 Magadha의 가차. 부처님 성도하신 곳의 고대 인도의 나라이름. 마갈제·마갈타라고도 함.

마갈어【摩竭魚】 : 범어 makara의 가차와 번역한 글자를 합한 말. 배를 삼키는 큰 고기의 이름. 상상속의 고기가 아닌지.

마니【摩尼】 → 마니주

마니주【摩尼珠】 : 범어 cintāmaṇi의 번역인 한자어. 여의보주(如意寶珠)의 다른 이름.

마야부인【摩耶夫人】 : 범어 Mahā-māyā. 부처님 어머님의 이름.

마왕【魔王】: 여섯째 하늘의 임금으로서, 부처님의 성도를 방해한 마왕.

마우드갈야나: 범어 Maudgalyāyana의 가차. 부처님의 열 분 위대한 제자 가운데 신통이 가장 뛰어났던 분. 한자어로 '목건련' 이라고 함.

마하살【摩訶薩】: 범어 mahāsattva의 가차. 신역에서 대유정(大有情)이라 번역. 구역에서 대심(大心)·중생심(衆生心)이라 했음. 보살(菩薩)의 미칭으로 쓰임.

마하카샤파: 범어 Mahākāśyapa. 한자로 마하-가섭(摩訶迦葉)으로 가차함. 부처님의 제일 큰 제자로서 한자로 결사(結使)라 번역했음. 불교 교단을 형성하는데 기여했다. 불교의 제2대 교조로 두타(頭陀) 제일이며 흔히 전불심인(傳佛心印:부처님의 마음을 전수한) '가섭존자' 로 불린다.

마하카챠야나: 범어 kātyāyna의 한자 가차. 부처님 10대 제자 가운데 논의(論議). 제일의 가전연(迦旃延)을 말함. 한자어로 불공(不空) 또는 문식(文飾)이라고 번역함.

마후라가: 범어 mahoraga. 뱀신, 또는 음악신. 사당신.

말법【末法】: 부처님의 가르침이 시간이 지날수록 변해가는 과정을 세 시기로 분류한 것 중에 제일 나중시기. 첫째 정법(正法) 부처님 가신 뒤 일천 년 까지. 둘째 상법(像法) 부처님 가신 뒤 이천 년 까지. 셋째 말법 일만 이천 년 까지. 일천 년까지는 가르침대로 실천하여 도를 이루는 이가 많다. 이천 년까지는 가르침대로 실천하나 도를 이루는 이가 백에 한 사람. 이천 년~일만 이천 년 사이는 가르침만 있고 실천하는 이나 도를 이루는 이는 없으며, 일만 이천 년이 지나면 가르침까지 없어진다고 함.

말세【末世】: 말법(末法)과 같은 뜻. 그러나 이 곳에서는 '부처님께서 열반하신 뒤' 라는 뜻임.

매어 부림【煩惱】: 범어 kleśa 중생이 번뇌에 매여 부려진다고 번뇌를 매어 부림으로 번역함.

모니【牟尼】: 고대 인도어 muni의 가차. 한자어로 寂默이라 번역. 일반적으로 수행력이 높은 이를 모니, 또는 무니로 불렀던 듯 함.

몸속의 네 마리 독사: 몸을 구성하고 있는 흙의 성질 · 물의 성질 · 바람의 성질 · 불의 성질을 말함.

무명【無明】: 범어 avidyā의 한자 번역어. 우리말로 단어는 어둡다 · 흐리멍덩하다 · 어리석다 등이다. 사물의 이치와 인간다운 삶을 모른다는 뜻.

무상게【無常偈】: '무상'은 '영원히 존재하는 것은 아무것도 없다'는 뜻. '게'는 불경 표현의 한 형식으로, 문학에서 시에 해당함.

무상【無常】: 범어 anitya 한자 번역어. 사물이나 사람의 인식작용(마음의 작용)이 조금도 가만히 있지 않고 변화되어, 나서 존재하다가 변화하여 없어진다. 따라서 국어로는 '뜻뜻함이 없다'·'항상함이 없다'로 해석된다.

무상정등정각【無上正等正覺】: 범어Anuttara-samyak-saṁbodhi의 한자 번역어. 바른 진리를 바르게 깨달았다는 뜻. 가시적이거나 상상할 수 없는 것까지 일체의 진실된 모습을 모두 아는 부처님만의 위없이 뛰어난 지혜.

무색계【無色界】: 범어 ārūpya-dhātu의 한자 번역어. 불교에서 이 세계를 셋으로 나눈다. 세 세계.

1 욕계(欲界): 인간이 사는 세계와 하늘 세계 6층까지를 말함.

2 색계(色界): 관능적인 감각을 여읜 상태의 선정을 익힌 이들만 태어나는 하늘 7층부터 24층까지를 말함.

3 무색계(無色界): 물질을 여의고 순 정신적 존재만 있는 세계로 색계보다 고차원적인 선정을 익힌 이가 태어나 더 차원 높은 선정을 익히는 네 층의 하늘이다. 공무변처천(空

無邊處天)・식무변처천(識無邊處天)・무소유처천(无所有處天)・비상비비상처천(非想非非想處天)

무색천【無色天】 → 무색계(無色界)

무위【無爲】 : 범어 asaṁskṛta의 역어. 무위법이 같은 말이다. 인연에 의해 조작되는 것이 아니고, 나고 죽음을 떠난 상주불멸의 영원한 적멸의 세계를 뜻함. ↔ 유위.

무차대회【無遮大會】 : 범어 Pañca-pariṣad의 한자 번역어. 반차우슬, 무차회로 쓰임. 귀천의 분별없이 재물과 법을 보시하는 일에 아무 제한 없이 참여하는 법회.

미륵부처님【彌勒佛】 : 범어 Maitreya. 석가모니 부처님께서 입멸 후 56억 7천 만 년 뒤에 오실 부처님. 지금 욕계 4천인 토솔천 내원궁에서 하늘 사람들을 교화하신다.

ㅂ

바라나시【波羅奈】 : 범어 Vārāṇasī. 갠지스 유역에 있던 나라이름. 특히 초전법륜(初轉法輪 : 처음 설교하신)하신 녹야원(鹿野園)이 있다.

바라문【婆羅門】 : 범어 brāhmaṇa의 한자 가차. 인도의 네 계급 가운데 하나. 깨끗한 행동・깨끗한 마음・깨끗한 조상의 후예 · 밝고 맑은 뜻을 지녔다는 등의 뜻으로 쓰임. 따라서 번역하기에 부적절함. 가장 높은 계급으로 가장 상류층 사회인 제례와 국민의 스승격으로 군림한 부류들.

바루 : 범어 pātra. 발우(鉢盂), 바리, 바릿대로 쓰기도 함. 스님들이 공양을 담아 자시는 그릇.

바수천신【婆藪天】 : '世上의 하늘' 이란 뜻으로 번역. 世天

바이슈라마나 : 범어 Vaiśravaṇa. 사천왕 가운데 한 천왕. 한자로 비사문(毘沙門)이라 가차함. 부처님의 도량을 수호하여 법문을 많이 들었다 하여 다문(多聞)이라 번역하며, 야차와 나찰을 잘 다스림.→ 비사문천왕

반야 → 반야경

반야경【般若經】 : 구체적인 경명은 마하반야바라밀다경(摩訶般若波羅蜜多經). 범어 Mahāprajñāpārmitā-sūtra의 한자 가차. ① 마하: 크다 ② 반야: 지혜 ③ 바라밀다: 완성하다로 해석한다. 말을 만들면 '큰 지혜의 완성'. 반야경은 모두 8부로 나누어 말하지만 모두가 600권 대반야경에 들어있다. 위의 마하반야바라밀다경은 600권 가운데 421권부터 447권까지 '구마라집' 이 번역하여 독립시킨 부분이다.

발원【發願】 : 소원하는 마음을

일으킴.

백반왕【白飯王】: 부처님의 숙부로서 아난다와 데바닷다의 아버지.

번【幡】: 범어 patāka의 한자 번역. 우리말로 '깃발' 임.

범도【梵道】: 청정한 선정에 들어 음욕을 끊음.

범어【梵語】: 옛날 인도어 중 표준어에 해당하던 말.

범지【梵志】: 범어 Brahmacārin의 한자 번역어. 범사(士)라고도 하고 정예(淨裔: 청정한 이의 자손이란 뜻)·정행(淨行: 청정하게 행동하라는 뜻)이라고도 함.

범천왕【梵天王】: 범어 brahmad의 한자 번역어. 범왕(梵王)·대범천왕(大梵天王)이라고 함. 색계초선천을 다스리는 임금으로서 부처님이 출생하시면 제일 먼저 설법을 청하는 하늘 임금.

법【法】: 범어 dharma의 한자 역어. 부처님의 가르침을 총칭하는 말. 제 품성을 지녔고, 물건의 알음알이를 내게 하는 두 뜻이 있다.

법공양【法供養】: 지금은 경전을 출판하여 사람들이 읽도록 하는 것을 말한다. 그러나 지금 이 경전에서는 법을 듣기 위하여 몸을 바친다는 뜻이다.

법복【法服】: 스님들이 입는 가사를 다르게 일컫는 말.

법신【法身】: dharma-kāya의 한자 번역어. 불타의 진실한 본체. 영원불멸 · 불변하는 본질. 법 몸.

법약【法藥】: 부처님의 가르침을 말함. 부처님의 말씀을 들으면 마음의 병(번뇌)이 낫게 되므로 '약' 이란 말을 사용함.

법왕【法王】: 범어 dharma-rāja. 부처님을 다르게 부르는 말.

법음【法音】: 법을 말씀하는 소리. 또는 법 그것 자체.

벽지불【辟支佛】: 범어 pratyekabudda의 가차. 한자어로 연각(緣覺) · 독각(獨覺)이라 번역함. 즉 12인연을 관찰하여 깨달았다는 뜻. 누구의 가르침 없이 스스로 자연의 변화를 보고 스승 없이 깨달았음을 뜻한다.

보리수【菩提樹】: 부처님께서 앉아 성불하신 곳에 있던 나무 이름.

보리심【菩提心】: 인도의 옛말. 범어 bodhi-citta. 위없이 바르고 참된 길을 실천하려는 마음. 즉 부처님과 같은 깨달음을 성취하여 중생을 구제하려는 마음.

보살【菩薩】: 범어 bodhi-sattva. 보리살타(菩提薩埵)의 준

말. 한자어로 대사(大士)·고사(高士)·개사(開士)·시사(始士)·각유정(覺有情)이라 번역함. 부처님이 되기 위하여 수행하는 분들.

보살행【菩薩行】: 부처님이 되기 위해 공부하면서 실천하는 행위.

보시【布施】: 범어 dāna. 다른 사람에게 내가 내 것으로써 베푸는 것을 말함.

보응【報應】: 인과응보의 줄임말. 선악의 행위에 대하여 받는 갚음.

본제【本第】: 진제(眞際)·실제(實際)·진여(眞如)·열반(涅槃) 등으로 쓰이고, 가끔은 과거라는 뜻으로도 쓰임.

분반좌【分半座】: 부처님께 앉으신 자리를 약간 비켜 앉으시면서 마하가섭에게 앉게 했다는 뜻. 선종에서 말한 다자탑전분반좌(多子塔前分半座)는 아닌 듯 함.

부다신【負多神】: 하늘 사람의 이름인 듯 하나 자세히 알 수 없음.

부처 : 바른 이치를 깨달은 분이란 뜻.

불과【佛果】: 부처님의 지위. 여기서는 '수다원과' 임.

불법【佛法】: 부처님과 법, 또는 부처님께서 말씀하신 내용.

불법승【佛法僧】:
불 : 역사적으로 존재하셨던 '실달타' 가 진리를 깨달은 뒤 불린 명칭.
법 : 부처님께서 말씀하신 진리 그 자체.
승 : 부처님의 가르침에 따라 수행하여 생사의 바다를 건너려는 출가한 제자들.

불환과【不還果】:
범어 anāgāmin의 한자 번역어. 소승 4과 중 제3과 → 아나가민 색계나 무색계에 태어나서는 번뇌가 모두 없어져 다시 범부의 지위로 돌아가지 않는다.

브라흐마【梵】: 범어 Brahman의 가차. 인도의 정통 바라문의 사상에서 우주 최고의 원리이자 만유의 근본을 '브라흐마' 라 함.

비구【比丘】: bhikṣu의 가차. 부처님의 네 부류 제자 가운데 남자로서 출가하여 250가지 계율을 받아 지키며 수행하는 스님.

비구니【比丘尼】: 범어 bhikṣuṇi의 가차와 번역 글자를 융합한 말. 즉 비구 bhiksu 음사에 ni를 번역한 니(尼:여자)를 합한 말. 여자가 출가하여 348계를 받아 스님이 된 분들을 말함.

비사문천왕【毘沙門天王】: 범어 vaiśravaṇa. 많이 들은 하늘왕. 28층 하늘 가운데 제1층 사천왕 가운데 한 분. '석가여래탱화' 나, '신중탱화' 에 보면

왼 손에 탑을 들고 있는 분으로 재산이 대단히 많다고 한다.

비상비비상처정【非想非非想處定】: 무색계의 끝 하늘. 형이상학적인 존재여서 실제로 땅이 있지 않고 선정의 명칭에 의해 이름 붙였음.

비수갈마【毘首羯磨】: 범어 Viśvakarman. 제석천왕의 신하로 예술품을 만드는 탁월한 기술을 가지고 있는 하늘 사람.

비제혜모니【鞞提醯牟尼】: 아난다 존자님을 지칭하는 말인 듯하나 확인하지 못함.

빈래과【頻來果】: 범어 sakṛdāgāmin 의 한자 번역어. 소승 4과 가운데 두 번째 과위로 천상에 한 번만 갔다 오면 앞 과위로 오르게 된다.

빔비사라【頻婆婆羅】: 범어 Prasenajit의 가차. 사위국의 왕이며, 부처님과 생년월일이 같다. 한문으로 勝軍·勝光이라 번역함. 최초의 사원인 죽림정사가 있던 나라의 임금이며, 불심이 깊었으나, 아들 아사세에게 시해당한 불운의 군주였음.

ㅅ

사다함【斯陀含】→사크르다가민

사대【四大】: 네 가지 요소.

사리【舍利】: 범어 śarīra의 한자 가차. 몸·몸의 뼈·유골이라고 번역된다. 부처님을 화장했을 때 여덟 섬 네 말의 영롱한 구슬이 나왔다. 그래서 '신령스런 뼈', 즉 영골(靈骨)이라 했다.

샤리푸트라 : 범어 śāriputra 가차. 부처님의 열 분 위대한 제자 가운데 지혜가 가장 뛰어났던 분. 한자어로 '사리불(舍利弗)'이라 함.

사문【沙門】 : 범어 śramaṇā의 가차. 부처님 당시에는 출가하여 도를 구하여 수도하는 사람에 대한 총칭으로 쓰임. 여기서는 스님이란 뜻. 한문 문화권에서는 스님이란 뜻으로 통용됨.

사미【沙彌】 : 범어 śrāmaṇeraka의 한자 가차. 7세에서 20세까지 불교에 귀의하여 10계를 받고 공부하는 스님들.

사선【四禪】 → 사선정

사선정【四禪定】 : caturdhyāna의 한자 번역어. 사정려(四靜慮)라고도 한다.

1. 유심유사정(有尋有伺定)
2. 무심유사정(無尋有伺定)
3. 무심무사정(無尋無伺定)
4. 사념법사정(捨念法事定)

색계의 사선천(四禪天)에 태어나고 깊은 수행을 하기 위해 닦는 삼매를 말함. → 네 가지 선정

사슴동산【鹿野苑】 : 부처님께서 제일 처음에 설법을 하신 곳. 불교의 4대성지 가운데 하나.

사왕천【四王天】: 욕심이 있는 하늘의 제일 첫 하늘로 해발 4만 유순이 되는 수미산 중턱에 있는 하늘세계. 이 하늘의 동·서·남·북에 임금이 있어 부처님 법을 보호한다. 이 하늘 사람의 하루는 인간의 50년, 즉 이 하늘의 1년은 인간세계의 17,250년이다. 이렇게 500년을 산다.

사음【邪淫】: 혼인한 관계가 아닌 남녀가 하는 애욕의 행위.

사종화【四種花】: 흰 연꽃·붉은 연꽃·푸른 연꽃·노란 연꽃을 말함.

사천하【四天下】: 네 천왕이 다스리는 하늘의 아래.

1 동쪽을 수호하는 지국천왕.
2 남쪽을 수호하는 증장천왕.
3 서쪽을 수호하는 광목천왕.
4 북쪽을 수호하는 다문천왕.

사크르다가민: sakṛdāgāmin. 부처님 출가 제자가 도달하는 두 번째 계단. 인간 세계에 한 번만 더 오면 넷째 계단에 도착하기 때문에 一來라 함.

삼계【三界】 → 세 세계

삼귀의【三歸依】: 셋에 귀의한다. '부처님과 법과 스님 셋에 몸과 마음 전부를 맡긴다' 는 뜻.

삼귀의계【三歸依戒】: 삼은 부처님과 법과 스님을 말함. 귀의는 귀순하여 신뢰하고 의지함. 원래 부처님의 제자가 되기 위해 계를 받기 전에 먼저 '삼보' 에 귀의하며, 뒤에 계를 받는 데서 생긴 말인 듯함. 또 '삼귀의' 를 '삼귀계' 라고 했으나 이것도 '삼보' 에 귀의하기 위해 계를 받는데, 먼저 '삼귀의례' 를 하는 것을 '삼귀의계' 라고 하나 설득력 없음.

삼난천【三難天】: 세 가지 어려움이 있는 하늘이란 뜻인데 未詳. 추측하면

❶ 목숨이 긴 長壽天

❷ 복이 많은 비사문천

❸ 1, 2로 인해 불법을 등한시하는 허물이 있는 것은 아닌지?

삼매【三昧】: 범어 samādhi의 한자 가차. '바른 마음으로서 실천하다', '평등하게 유지하다', '안정되다', '바르게 안정되다', '뜻을 결정하다', '조화롭고 옳곧고 안정되다' 등으로 번역한다. 부연하면 마음을 외골수로 옳고 바른 방향으로 다잡아 부처님의 가르침대로 공부함을 말함.

삼보【三寶】: 범어 triratna의 한자 역어. 부처님을 '불보', 가르침을 '법보', 가르침에 따라 출가하여 스님이 되어 공부하는 분들을 '승보'. 위의 셋은 세상에서 가장 소중하여 중생에게 '복 밭' 이 된다.

삼선【三禪】 → 사선정

삼세【三世】: 과거 · 현재 · 미래를 말함. → 세 세계.

삼승【三勝】: 계 · 정 · 혜가 맞는지. 未詳.

삼악도【三惡道】: 삼악취(三惡趣)라고도 한다. 지옥(地獄) · 아귀(餓鬼) · 축생(畜生) 등 세 갈래 나쁜 데를 말함.

삼장스님【三藏】: 범어 piṭaka. 불경을 경장(經藏) · 율장(律藏) · 논장(論藏)으로 나누는데 이 세 가지에 능통한 스님을 일컫는 말.

삼족성【三足星】: 未詳인데, 아류(亞類)라는 뜻이 될 듯함.

상【相】: 범어 lakṣaṇa의 한자 번역어. 상태 · 형상 · 모양 등의 뜻.

상견【常見】: 다섯 견해의 하나. 인간이 죽어도 자아는 없어지지 않고, 영원하다는 고집스런 견해.

상수중【常隨衆】: 부처님께서 살아계실 때, 언제나 부처님을 모시고 따라다녔던 1,250분 스님들을 말함.

상좌【上坐】스님: 범어 sthavra. 많은 스님들이 함께 계시는 곳에서 법랍이 오래고 도력이 높아 제일 첫 자리를 차지하고 후배를 가르치시는 큰 스님.

상주【商主】: 상인 단체의 우두머리.

상호【相好】: 범어 Lakṣaṇa-vyañjana의 역어. 용모 또는

형상이란 뜻인데 대인의 생김새인 삼십이상(三十二相)과 팔십종호(八十種好)의 합성어.

색계【色界】 : 범어 rūpadhatu. → 도리천

색신【色身】 : 부모가 낳아준 몸.

색구경천【色究竟天】 : 범어 Akaniṣṭhadeva. 색계18천의 맨 윗층 하늘. 물질의 존재가 끝난 세계.

샤시 : 샤크라의 왕후를 일컬음.

샤카족 : 석가족. 석가모니에서 석가는 성(姓)이고, 모니는 이름인데 석가모니를 고대인도어로 Śākyamuni로 표기한데서 Śākya의 발음만 쓰고, 여기에 종족이란 뜻의 족을 붙여 샤카족이라 함.

샤크라 : 제석천왕 제석천 석제환인 등으로 표기함. 두 번째 하늘의 왕을 일컫는다. 고대인도어로 Śakra-devānām 가운데 앞부분의 음만 표기한 말.

서원【誓願】 : 소원을 이루기 위해 맹세함.

석가모니【釋迦牟尼】 : 옛날 인도어 Śākyamuni의 가차. 샤카는 한자로 能仁, 무니는 한자어로 寂默임. 능인은 어떠한 상황에서도 어질 수 있다는 뜻. 적묵은 고즈넉한 상황이니, 곧 열반인 불교의 최고 이상을 달성한 상태를 가리킴.

선승도량【善勝道場】: 부처님께서 도를 이루신 곳, 즉 보리수가 있는 주위를 아름답게 그리고 무게 있게 지칭한 말.

선정【禪定】: 범어 dhyāna의 한자 가차인 선나(禪那)의 다른 표현. 한자어로 사유수(思維修:생각하여 공부함), 또는 정려(靜慮:고요히 생각함)라 번역함. 마음을 한군데 모아 움직이지 않게 하고 자세히 생각하는 공부 방법.

선지식【善知識】: 올바른 도리를 가르치는 분을 말함.

설법【說法】: 부처님의 가르침을 다른 사람에게 말하다.

설산【雪山】: 범어 Himālaya의 번역. 히말리아산을 한자어로 번역한 말.

섭수【攝受】: 관대한 마음으로 다른 사람의 의견이나 청을 받아들임. 불교적인 뜻으로는 부처님께서 중생들을 보호하고 두둔함.

성문【聲聞】: 범어 śrāvaka의 번역 한자어. 부처님의 말씀을 듣고 도를 깨달은 출가제자들을 일컫는 말.

세 가지 교리【三乘】: 부처님의 가르침을 수행하여 성인이 되는 부류를 셋으로 나눔.

1 성문(聲聞) 부처님의 설법을 듣고 수행하여 도를 이룸.

2 자연의 변화를 관찰하여 도

를 이루는 이들 연각(緣覺).

3 보살(菩薩) 여섯 가지 바라밀을 실천하여 부처님이 됨.

세 가지 나쁜 갈래【三惡道】: 중생들이 사는 세계를 여섯 갈래로 나누고, 그 가운데 나쁜 곳인 지옥 · 아귀 · 축생을 삼악도 즉 세 가지 나쁜 갈래라고 함.

세 가지 독【三毒】: 탐욕 · 성냄 · 어리석음은 중생들을 나쁜 갈래로 가게하기 때문에 독이라 한다.

세 가지 밝음【三明】: 부처님과 아라한이 얻는 세 가지 신통.

1 모든 중생의 과거를 그 모습이나 심리의 변화상황까지 아는 지혜.

2 모든 중생의 미래를 훤히 아는 지혜.

3 모든 번뇌를 다 없애 버리고 모든 진리를 확실히 아는 지혜.

세 가지 슬기【三種智慧】

1 외도와 범부의 세간지.

2 성문 · 연각의 출세간지.

3 불보살의 출세간상상지.

세 가지 재【三齋】: 몸 · 입 · 뜻을 조심하며 부처님의 가르침인 계율을 지키는 수행법.

세 가지 즐거움【三品樂】: 재물 · 색 · 법을 즐김.

세 가지 평등【三等】

❶ 몸과 입과 뜻이 꼭 같이 깨끗하여 차별이 없다는 의미.
❷ 마음 · 중생 · 부처가 같다는 의미.

세 갈래 중생 : 지옥 · 아귀 · 축생 셋을 말함. 불교에서 중생 모두를 여섯 갈래 중생이라고 하는데, 여기서는 업이 무거운 셋만을 뜻함.

세간【俗】 : 불교에서 출가한 분들을 출세간에서 산다고 한다. 따라서 인간들이 사는 세상을 세간이라고 한다. 즉 세속.

세간팔법【世間八法】 : 중국 주나라 때 백성을 다스리던 여덟가지 법칙.

세 세계【三世界】 : 중생들이 업에 따라 살아가는 세계를 세 종류로 구분하는 불교의 세계관.
❶ 욕계(欲界) : 지옥에서 하늘의 6층까지. 여기에 태어나는 중생은 온갖 탐욕에 집착하므로 욕계라 함.
❷ 색계(色界) : 욕계 위에 위치하는 18층까지 하늘 세계. 여기에 태어나는 중생은 형상은 있으나 욕계처럼 탐욕이 치성하지 않고 선정을 익혀 그 선정의 얕고 깊음에 따라 태어나는 층수가 달라진다.
❸ 무색계(無色界) : 색계 위에 있는 4층의 하늘로 형상은 없고 정신세계만 있는 세계. → 무색계

세존【世尊】 : 범어 Bhagavat

의 한자 번역어. 부처님 이름 열 가지 가운데 하나. 세상에서 가장 높은 분이란 뜻.

수기【授記】: 범어 vyākaraṇa. 부처님께서 미래에 부처가 될 분을 보면 '너는 언제 어떤 부처가 된다' 고 예언하신 말씀.

수다원【須陀洹】: 범어 srota-āpanna. 인도의 옛말 → 스로타판나. 성문 4과의 첫과

수달다【須達多】 → 수닷타

수닷타 : 범어 Sudatta. 부처님 당시 남자 신도 이름. 기타 숲 외로운 이 돕는 절을 지어 부처님께 바친 대부호로 언제나 어려운 사람을 도왔기 때문에 한자어로 給孤獨이라 번역함.

수메류산【須彌山】: 범어 sumeru-parvata. 고대 인도의 세계관에 나오는 우주의 중심에 있다는 산 이름. 바다 가운데 높이 솟아 물 밖으로 8만 유순의 높이라 하며, 1유순에 대한 정확한 계산은 없고 여러 가지 말이 있는 데, 덩치가 무지하게 크고 무지하게 높다는 뜻임. (1 유순 : 약 30리)

수식관【數息觀】:
범어 ānāpāna-smṛti. 내쉬는 숨 들이쉬는 숨을 헤아려 산란한 마음을 방지하는 공부법.

숙명【宿命】: 육신통의 하나인 숙명통(宿命通)을 줄여서 쓴

말. 즉 숙명명(宿命明)을 말함인데 지나 온 과거의 일을 모두 아는 것을 말함. → 육신통

수메류산 : 범어 Sumeru산. 須彌山으로 . 불교의 우주관에 의하면 우리가 사는 세계를 사바세계(괴로움이 많기 때문에 참으며 사는 세계)라 하고, 사바세계를 동 · 서 · 남 · 북으로 나눌 때 중앙에 우뚝 솟은 산을 수메류산 이라고 한다. → 수미산

슈라바스티 : 나라이름. 범어 Śrāvasti로 고대 중인도에 있던 나라의 성(城) 이름이었으나 뒤에 나라이름이 되었다. 기원 정사가 있고, 부처님과 동갑이었던 절대적후원자 '바사닉' 왕이 다스렸던 나라.→ 사위성(舍衛城)

스로타판나 : 범어 srotaāpanna. 한자어로 수다원(須陀洹). 성문 4과의 첫 과로서 성인의 경지에 처음 들어간 경지.

승가리【僧伽梨】: 범어 Saṁghāṭi. 스님들이 입는 큰 가사.

승방【僧坊】 : 僧房이라고도 함. 원래는 스님들이 거처하는 절에 대한 총칭이었으나 어느 때부터인가 비구니 스님들이 계시는 절을 일컫는 말로 변형되었음.

시봉【侍奉】 : '시자' 라고도

함. 연세가 많은 스님을 모시고, 그 분이 생활에 불편이 없도록 돌보아 드리는 이들.

시방【十方】: 동 · 서 · 남 · 북과 각 간방과 위 · 아래를 합쳐 열 방위라 함. '십방' 으로 읽지 않고 '시방' 으로 읽음.

시비왕【尸毘王】: 부처님께서 부처님이 되시려고 과거에 자기의 몸을 던져 비둘기를 구했을 때의 이름과 신분. 즉 왕위에 있으면서, 매에 쫓기는 비둘기를 살리기 위해 몸의 살을 보시했음.

식【識】: 범어 vijñāna의 번역 한자어. 바깥 대상을 식별하는 인식작용. 즉 마음이 현상을 상대하여 일어나는 앎의 작용임.

식기조【飾棄鳥】: 모양새를 생각하지 않은 새.

식별【觀】: 선정을 일반적으로 풀이할 때, '삼매에 들어 식별한다' 로 해석함.

식신【識神】: 마음, 영혼의 다른 이름.

신견【身見】: 다섯 견의 하나. 오온이 가합한 이 몸을 실재하는 것으로 착각하고, 거기에 따르는 가족과 물건들을 내 부모 · 내 아내 · 내 자식 · 내 집이라고 잘못 생각하는 견해.

신심【信心】: 믿는 마음.

신장【神將】: 팔부신장의 준말. 사람이 아닌 귀신과 하늘, 사람 등 여덟 종류로서 불법을 옹호하겠다는 서원을 세운 이들.

신족통【神足通】: 여섯 가지 신통의 하나. 마음만 먹으면 어느 곳이든지 시간과 공간에 구속받지 않고 갈 수 있는 능력.

신지【神紙】: 사람에게 손해를 끼치지 않는 귀신.

신통【神通】: 범어 abhijñā. 무슨 일이나 안되는 일이 없이 귀신같이 잘한다는 뜻.

실상법【實相法】: 모든 것이 있는 그대로의 참모습의 규칙, 또는 그 법칙.

싯다르따【悉達羅他】: 고대 인도어 śiddhārtha의 가차. 일반적으로 悉達多로 표기함. 부처님께서 출가하시기 전 이름.

ㅇ

아귀【餓鬼】: 범어 preta의 한자 번역어. 세 가지 나쁜 갈래의 하나. 언제나 굶주려 고통받는 갈래. 배는 산보다 크고, 목구멍은 바늘만하여 음식이 있어도 먹기가 어렵다고 함.

아나가민【阿那伽彌】→아나함

아나함과【阿那含果】: 범어 anāgāmin의 한자 가차. 성문 4과위 가운데 제3위. 한자어로 번역하여 불환(不還)·불래(不來)라 한다. '욕계에서 공부를 마치고 색계와 무색계에 나서 아라한이 되어 다시는 범부로 돌아오지 않는다' 는 뜻.

아난다【阿難陀】: 부처님 10대 제자 중 한 분.
범어 Ānanda 가차. 부처님 사촌 동생으로서 부처님 성도 뒤 20년부터 열반에 드실 때까지 시봉을 했고, 불교의 3대 교조가 되었으며, 다문(多聞) 제일로서 불경의 결집에 가장 큰 역할을 한 스님. 미남이어서 여난이 많았다고 함.

아니룻다【阿樓樓馱】: 범어 Aniruddha의 한자어 가차. 부처님 사촌 동생으로서 출가하여 아라한이 되었다. 10대 제자 가운데 천안(天眼) 되었음.

아라한【阿羅漢】: 범어 Arhan. 소승불교의 수행으로 도달할 수 있는 최고 경지의 이름. 보살의 7·8지로 생사를 벗어난 불퇴전하는 이상적인 경지.

아래 세 가지 과위: 소승의 네 가지 과위 가운데 앞의 세 가지. 수다원·사다함·아나함.

아비다르마【阿毘達磨】: 범어 abhidharma의 한자 가차. 한자로 법(法)이라 번역함. 불전(佛典)을 경전·계율·논리로 나누는 데 논리[論藏]를 뜻하지만 학술적이 아닐 때는 법이라고 보는 것이 일반적 견해임.

아비지옥【阿鼻地獄】: 괴로움만 존재하는 지옥 가운데 가장 고통을 심하게 받는 지옥.

아쇼카【阿育王】: 범어 Aśoka의 한자 가차. 고대 인도 마우리아 왕조의 임금. B·C 3세기 중엽에서 4세기 초말엽 인도를 거의 통일함. 초기에는 살상을 좋아하고 난폭했으나 뒤에 스님의 교화를 받아 독실한 불교인이 되어 부처님의 바른 법을 지키고 널리 전파한 임금. 아육왕경(阿育王經)·아육왕전(阿育王傳)이 있으며 지금 인도에 현존하는 불교 유적은 대부분 아쇼카가 남긴 것들이라고 할 수 있다.

아수라【阿修羅】: 범어 asura의 한자 가차. 사바세계의 여섯 갈래 중 하나. 언제나 무고한 중생에게 시비를 걸어 싸움박질을 하는 무리들. 부처님께 귀의하여 팔부신장이 됨. 싸움을 좋아하다(好鬪)·하늘 무리가 아니다(非天)·단정하지 않다(不端正) 라고 한자로 번역함.

아습파【阿濕波】: 부처님 초전법륜시에 재도된 5 비구니 중 제일 젊었던 스님.

아승기【阿僧祇】: 범어 asaṁkhya 한자 가차. 한자어 무앙수(無央數)라 번역함. 국어로 '다함없는 수' 라는 뜻. 불교의 큰 숫자 124 가운데 105에 해당함.

아자타사투루【阿闍世】: 범어 Ajātaśatru의 가차. 빈바사라

왕의 둘째 왕자로 간신의 꼬임에 빠져 부왕과 형인 태자를 시해한 왕. 데바닷타와 공모하여 부처님을 배척했던 부처님. 당시의 악독한 왕. 석가족을 멸족시킨 왕.

아함【阿含】: 범어 āgama의 가차. 부처님께서 성도하시고 초기에 12년 동안 말씀하신 원시불교의 경전을 말함.

아흔 여섯 부류 외도【九十六種外道】: 인도에 있었던 불교 이외의 바라문교의 유파 96종.

악지식【惡知識】: 선지식의 반대. 바른 법이 아닌 나쁜 법으로 사람들을 잘못 된 길로 삶을 이끄는 사람.

안거【安居】: 옛날 인도 말 vārṣika를 번역한 한자어. '원래는 비가 오는 철' 이란 말. 비가 오는 때는 다니는 것이 불편하니까 한 곳에 머물러 수행을 하는 관습에서 90일간(4월 16일~7월 15일)의 수행 정진 기간으로 굳어짐. 여름 안거. 겨울 안거(10월 16일~1월 15일)로 발전했다.

아즈냐터-카운디냐【憍陳那】: 부처님의 설법을 듣고 최초로 아라한이 되신 오비구 가운데 한 분.

야차【夜叉】: 범어 yakṣa의 한자 가차. 포악하고 힘이 센 귀신이었으나 부처님께 귀의하여 외호신장이 되었음.

업연【業緣】: '개인이 한 짓의 세력이 간접적인 원인임' 을 말함.

업【業】: 범어 Karman의 한자 번역어. 한자로 행위(行爲)·소작(所作)·조작(造作)으로 번역함. '인간이나 동물이 의지에 따라 몸과 마음으로 하는 짓' 을 뜻함.

여덟 가지 바른 길【八正道】: 범어 āryāṣṭāṅga-mārga에 대한 역어.

1 정견(正見) : 바른 견해, 특히 중생에게는 바른 믿음.

2 정사유(正思維) : 바른 의사(義思).

3 정어(正語).

4 정업(正業) : 올바른 행위.

5 정명(正命) : 바른 생활.

6 정정진(正精進) : 바른 노력.

7 정념(正念) : 바른 의식.

8 정정(正定) : 마음이 하나에 매여 딴 생각을 하지 않음.

열 가지 공덕【十功德】: 세간의 일들을 말하지 말고 정근(精勤)·소욕지족(少欲知足)·용맹한 마음을 소유함·많이 듣고 사람들에게 설명해 줄 수 있음·두려움도 원망도 없음·계율을 잘 지킴·선정에 들어있음·지혜를 성취함·해탈을 성취함·해탈향과 해탈지견을 성취함을 말한다.

여덟 가지 미혹【八種惑】: 외도의 미혹

어리석음·따짐·집착함·뜻·말·대충 생각함·업·경계.

여덟 가지 법【八法】
네 가지 따름 : 이익 · 명예 · 칭찬 · 쾌락
네 가지 어김 : 쇠퇴 · 헐뜯음 · 나무람 · 고통을 합친 여덟.

여덟 가지 재계 → 팔관재

여덟 가지 해탈【八解脫】 : 여덟 가지 생사를 벗어나기 위하여 닦는 선정.
1 마음으로 여자를 탐하면 손상된 여자의 몸이나 시체가 퍼렇게 멍든 것을 관하여 여자를 좋아하는 마음이 일어나지 않게 함.
2 위 1의 수행을 더 깊게 하여, 여자를 탐하는 마음이 다시 일어나지 않게 함.
3 이성을 생각하는 마음을 여의고, 스스로 깨끗함을 구족하는 삼매에 듦.
4 물질인 육신을 싫어하고 가없는 허공의 자재함을 기뻐하며, 공의 이치를 알고 수행함.
5 공이 무변함을 싫어하고 식(識)과 상응하며 마음이 고정되어 움직이지 않는 정신 상태.
6 식이 세 세상에 걸쳐 끝이 없는 것을 싫어하고, 인연하는 것이 모두 가지고 있을 것이 없다고 관하는 삼매에 듦.
7 이 경지에서는 거친 생각이 없으므로 비상(非想), 또는 비유상(非有想)이지만 세밀한 생각이 없지 않기 때문에 비비상(非非想) 또는 비무상(非無想)이라 하는 삼매.
8 멸진정(滅盡定)에 들어 수(受)와 상(想) 등을 싫어하여

무심(無心)에 머물러 해탈을 하려는 삼매에 듦.

여덟 부류의 무리 : 팔부신장(八部神將)을 번역한 말.

여래【如來】 : 범어 Tathāgata의 역어. '진리에 따라 왔다' 는 뜻. 부처님 열 가지 이름 가운데 하나.

여섯 가지 경계【六入】 : 눈 · 귀 · 코 · 혀 · 몸 · 뜻의 여섯 뿌리와 빛깔 · 소리 · 냄새 · 맛 · 닿임 · 법의 여섯에 대상하는 물체. 여섯 가지로써 여섯 가지를 거두어 들인다는 뜻. 한문으로써 불경을 처음 번역할 때 여섯 뿌리를 여섯 가지 바깥에서 거두어 들임이라 함. 여섯 대상물체를 여섯 가지 안에서 거두어들임이라 한다.

여섯 가지 바라밀【六波蘿蜜】 : 범어 ṣaṭ-pāramitā의 번역 및 가차. 보살이 부처가 되기 위해 공부해야 하는 필수적인 수행방법 여섯 가지.

❶ 다른 이가 필요로 하는 것은 무엇이든지 베푼다.

❷ 계율로 제정한 것을 어기지 않는다.

❸ 어떤 상황에서도 참는다.

❹ 위 과를 얻기 위하여 노력한다.

❺ 선정을 익힌다.

❻ 모든 진리를 밝게 알기 위한 슬기를 기른다.

여섯 가지 쇠함 : '경계가

눈 · 귀 · 코 · 혀 · 몸 · 뜻을 통하여 사람의 참됨을 쇠퇴시킨다' 는 뜻.

여섯 가지 신통【六神通】: 부처님의 가르침을 공부하여 아라한 이상이 되면 생기는 불가사의한 힘 여섯 가지.
❶ 어디든지 시간과 공간에 구애되지 않고 간다.
❷ 어디든지 시간과 공간에 구애되지 않고 본다.
❸ 어디든지 시간과 공간에 구애되지 않고 듣는다.
❹ 중생들의 마음에 움직임을 다 안다.
❺ 중생들의 과거를 모두 다 안다.
❻ 모든 번뇌가 다 없는 상태 등.

여섯 가지 욕심【六欲】: 눈 · 귀 · 코 · 혀 · 몸 · 뜻이 경계를 만나서 생기는 여섯 가지 욕망.

여섯 가지 종자【六種】: 육근의 다른 이름. 여섯 가지 뿌리. 눈 · 귀 · 코 · 혀 · 몸 · 마음 등 여섯 감각기관을 칭함.

여섯 가지 진동【六種震動】: 세상에 상서가 있거나 엽기적인 사건이 있을 때 대지가 흔들리는 여섯 가지.
❶ 전후 좌우로 흔들림.
❷ 위로 오르고 아래로 내림.
❸ 솟아나고 녹아 내림.
❹ 대지가 은은하게 소리를 냄.
❺ 우당탕, 꽝하는 굉음이 들림.
❻ 사물마다 알게 하는 소리.
경전에 따라 조금씩 차이가 있음.

여섯 때【六時】 : 24시간을 여섯으로 등분한 시간. 즉 4시간이 하루에 여섯 번임. 하루내내 란 뜻.

여섯 외도【六師外道】 : 부처님 당시에 철학 · 종교 · 사상으로 일가를 이룬 여섯 사람.

여섯 하늘 : 욕계 6천(欲界六天)을 말함.

연화대【蓮華臺】 : 불보살이 앉는 자리를 미화하여 이르는 말. 지금 불상을 모시는 자리에 조각한 연꽃과 그 자리가 주위의 자리보다 높은 것을 볼 수 있다.

열 가지 계율【十戒】 : 사미가 되기 위하여 받는 열 가지 계율.

❶ 산 것을 죽이지 말라.
❷ 남의 것을 훔치지 말라.
❸ 음행하지 말라.
❹ 거짓말을 하지 말라.
❺ 술을 먹지 말라.
❻ 꽃으로 치장하거나, 향을 바르지 말라.
❼ 노래하고 춤추고 풍류를 즐기지 말라.
❽ 높고 넓고 크고 화려한 침대를 사용하지 말라.
❾ 때 아닌 때에 먹지 말라.
❿ 금 · 은 · 보석으로 몸을 꾸미지 말라.

열 가지 공덕【十功德】 : 세속적인 논리를 제지하고, 열 가지 공덕이 있는 일을 말함.

❶ 끊임없는 노력.

2 적은 욕심.

3 용감한 마음.

4 많이 듣고 남에게 설법함.

5 두려움도 없고 원한도 없음.

6 계율을 잘 지킴.

7 정신 집중을 뜻대로 함.

8 지혜를 성취함.

9 해탈을 성취함.

10 해탈한 견해로 지혜가 성취됨.

열 가지 번뇌【十煩惱】

1 탐욕.

2 성냄.

3 어리석음.

4 교만.

5 의심하는 마음.

6 육신이 있다고 집착하는 견해.

7 지나친 극단에 집착함.

8 삿된 견해.

9 위 5, 6, 7, 8을 겸한 견해.

10 경계하고 금지한 내용을 잘못 인식하여 삿된 견해에 빠진 경우.

열 가지 선행【十善】: 불자가 지켜야 하는 열 가지 기본 계율.

1 살아 있는 중생을 죽이지 않는다.

2 주지 않는 물건을 내 것으로 만들지 않는다.

3 혼인하지 않은 이성과 섹스하지 않는다.

4 거짓말하지 않는다.

5 비단같이 번드레한 말 하지 않는다.

6 이간질하는 말을 하지 않는다.

7 꾸짖는 말이나 악담을 하지 않는다.

8 탐욕을 부리지 않는다.

9 성내지 않는다.
10 삿된 견해를 가지지 않는다.
위의 열 가지를 저지르면 열 가지 악한 행실이 된다.

열 가지 악행【十惡】
1 몸으로 짓는 세 가지 나쁜 짓. 생명을 끊는 殺生 · 남의 물건을 훔치는 도둑질 · 혼인 관계가 아닌 이성과 섹스 하는 행위.
2 입으로서 짓는 나쁜말 · 거짓말 · 겉이 다르고 속이 다른 말 · 두 말 · 악담.
3 뜻으로서 짓는 세 가지 나쁜 짓. 탐욕심 · 성냄 · 어리석음.

열 두 가지 인연【十二因緣】: 범어 dvādaśāṅga-pratītya-samutpāda. 십이인연법 · 십이연지기 · 십이연문이 라고도 한다. 열두 가지 인연이 일어나는 순서를 밝힘. 장아함경 10권에 자세히 설명되어 있다. 무명(無明) · 행(行) · 식(識) · 명색(名色) · 육처(六處: 처를 입(入)이라고도 함) · 촉(觸) · 수(受) · 애(愛) · 취(取) · 유(有) · 생(生) · 노사(老死). 무명을 반연하여 행이 생기고 행을 반연하여 식이 생기고…. 생을 반연하여 노사가 생긴다.

열반【涅槃】: Nirvāṇa의 가차. 나고 죽음의 법을 체득한 불교인 최고 경지.

열 여덟 가지 변화【十八變化】: 아라한 이상의 도력이 있는 분이 나타내는 18종 불가사의한 변화.

영락【瓔珞】: 범어 muktāhāra. 구슬 모양으로 된 보배의 하나.

영축산【靈鷲山】: 산이름. 고대인도어 Grdhrakūta의 한자 번역어. 한문 경전에는 가차로 기사굴산(耆闍崛山)으로 표기되었음.

오개【五蓋】: 범어 Panca-avaranani. 오장(障)이라고도 함. 다섯 가지 법이 있어서 마음 성품을 가리워 선법(善法)을 낼 수 없게 함을 말함.
1 탐욕개(貪慾): 오욕에 집착하므로써 심성을 가리움.
2 진에개(瞋恚): 성냄으로써 심성을 가리움.
3 수면개(睡眠): 마음이 흐리고 몸이 무거워지므로써 심성을 가림.
4 도회개(悼悔): 마음이 흔들리고 근심하므로써 심성을 가림.
5 의법개(疑法): 법에 대하여 결단성이 없어 미루므로써 심성을 가리움.

오대【五大】: 네 가지 원소에 공(空)을 첨가하여 五種·五大라고 함.

오욕【五欲】:
1 재물에 대한 욕심.
2 이성에 대한 욕심.
3 음식에 대한 욕심.
4 명예에 대한 욕심.

❺ 수면에 대한 욕심.

오음【五陰】: 범어 pañca-skandha. 오온(五蘊)의 옛날 번역어. 다섯 가지 쌓임.
❶ 색(色) : 스스로 변화하고, 또 다른 것을 장애하는 물질.
❷ 수(受) : 괴로움 · 즐거움, 괴롭지도 않고 즐겁지도 않음을 느끼는 마음작용.
❸ 상(想) : 외계의 사물을 보고 듣고 받아들여서, 그것을 想像하는 마음의 작용.
❹ 행(行) : 인연에 따라 생겨났다가 시간에 따라 변천하여 없어짐.
❺ 식(識) : 의식하고 분별하는 작용.

오장【五障】: 五礙라고도 함.
❶ 여자 오장 범천왕 제석천왕 마왕 전륜성 왕이 될 수 없음.
❷ 수행 오장 : 번뇌의 장애 · 업의 장애 · 나쁜 가정에 태어나는 장애 · 선지식을 못 만나는 장애 · 불법은 들어도 바른 법은 듣지 못하는 장애. 여기서는 2번의 장애.

왕사성【王舍城】: 범어 Rājagṛha. → 라자그리하

외도【外道】: 범어 tīrthaka의 역어. 부처님 당시 인도에서 부처님의 가르침 이외의 종교적 성격을 띤 다른 교리를 믿고 공부하는 사람을 일컫는 말.

욕계 → 무색계

우바새【優婆塞】:
범어 upāsaka의 한자 가차. 출가하지 않고 부처님께 귀의하여 부처님의 가르침을 따라서 바르게 사는 남자. 여자를 우바이(優婆夷)라고 한다. 범어로 upāsikā로 표기함.

우파시카 → 우바새

위 두과 : 소승으로서 수행하여 얻는 아나함과와 아라한과를 말함.

유루【有漏】: 번뇌의 다른 이름.

유순【由旬】 : 범어 yojana의 가차. 인도의 길의 길이에 대한 단위. 1유순 약 80리 또는 60리, 40리, 30리 라고도 함.

육신통【六神通】 : 인간의 생각으로 해낼 수 없는 일들을 해내는 여섯 가지 신통.

율의계【律儀戒】 : 삼취정계의 하나. 섭율의계(攝律儀戒)라고도 함. 소극적으로 악을 방지하여, 자기를 이롭게 하는 계율.

응진【應眞】: 아라한의 한자어.

이생【二生】 : 확실히 밝힌 데가 없으나, 도력이 뛰어난 분, 수행력이 높아 예지력이 뛰어난 이를 이생이라고 한 것이 이 책에서의 표기인듯 함.

이선【二禪】 : 네 가지 선정 중에 두 번째 선정.

인과【因果】: 원인과 결과. 좋은 원인을 만들면 즐거운 결과가 오고, 나쁜 원인을 만들면 괴로운 결과가 온다.

일곱 가지 깨달음 → 열반에 이르기 위하여 하는 수행에 37종이 있고 그 여섯 번째에 해당하는 수행법. 부연하면, 부처님의 가르침을 실천하는데 지혜로서 참됨 · 거짓 · 선함 · 악함을 알아내는 방법 일곱 가지.

일산【日傘】: 양산. 일종의 장엄구로 햇빛을 가리는 파라솔이다.

일체종지【一切種智】: 부처님께서만 지니신 지혜 → 일체지

일체지【一切智】: 모든 것을 죄다 안다는 뜻. 부처님만이 아시는 지혜이므로 부처님을 지칭하는 경우가 많음.

입으로 짓는 네 가지 말【口四】

1. 거짓말 하지 말라.
2. 꾸미는 말 하지 말라.
3. 두 가지 말 하지 말라.
4. 악한 말 하지 말라. 등

ㅈ

자마금【紫磨金】: 부처님 몸에서 뻗치는 빛이 붉은색을 띤 것을 표현할 때, '자마금 빛'이라고 한다.

자비【慈悲】: 중생을 즐겁게 하는 자. 중생과 고통을 함께 앓는 비 · 위 둘을 합해 '자비'. 앞에 대(大)를 붙여 '대자대비'라 함.

자자【自恣】: 옛날 인도 말. pravāraṇa를 번역한 한자어. 여름 석달 동안, 자신이 승단의 규칙을 어긴 것 등을 고백하고 참회하며, 보고 듣고 의심했던 사실들을 물어 의심을 제거함.

자재천【自在天】: 하늘나라를 말함. 즉 대자재천.

잠부드비파【南閻浮提】: 남섬부주(南贍浮洲)라고도 한다. 범어 Jambudvīpa의 한자 가차. 불교의 세계관에서 수메류산을 중심으로 동서남북에 세계가 있는데 지구가 소속한 곳을 '남섬부주' 라고 한다.

장로【長老】: 범어 āyuṣmant의 한자 번역어. 한자 번역어로 상좌(上座)·상수(上首)·수좌(首座)·기숙(耆宿)·노숙(老宿)이라 한다. 학식과 덕망이 뛰어나고 법랍이 오랜 큰 스님을 말한다.

장륙금신【丈六金身】: 열자 여섯 자의 불상이라는 말. 부처님 당시 인도인의 키는 여덟 자였으나, 그러나 부처님의 키는 그 곱인 16자이었음.

장자【長者】: 범어 śreṣṭha의 한자 번역어. 문벌이 높고 부귀하며 덕망이 뛰어나고 나이 많은 재가 남자 신도를 일컫는 말.

재【齋】: 범어 upoṣadha의 역어. 몸과 마음을 청결히 하고, 생각과 행위를 부처님의 가르침 대로 하는 것이 큰 의미의 재임. 재계(齋戒)에서 분리한 말. 즉 '일곱 가지 계율을 지키며 정해진 때에만 밥을 먹는다' 는 八재계에서 온 말. 지금은 부처님께 공양을 올리거나 조상을 천도하는 의식을 재한다고 함.

재계【齋戒】 : 七戒一齋. 殺 · 盜 · 妄 · 酒 다섯에 꽃다발 쓰거나, 여섯에 향바르고 노래하고 놀이판 벌리지 말고 가서 구경 하지도 말라. 일곱에 높고 넓고 잘꾸민 평상에 앉지말라. 등은 七戒, 때 아닌 때 먹지 말라는 齋임.

적정관【寂靜觀】 : 번뇌가 끊어지면 '적' , 고통이 끊어지면 '정' 을 선정에 들어 식별함.

전단향【栴檀香】 : 범어 canda의 가차에 한자 향(香)을 붙인 말. 향기가 좋은 나무로서 상록수. 불교에서 제일 좋은 향을 전단향이라 함.

전륜성왕【轉輪聖王】 : 범어 Cakra-varti-rājan의 번역 한자어. 날아다니는 황제로 불리우는 제왕중의 제왕으로서 서른두 가지 잘생긴 모습에 최고의 신심으로 불법을 옹호하고 포교하던 왕. 불교에서는 Osoka 왕이 이에 해당한다.

정【定】 : 범어 samādhi의 한자 번역어. 마음이 안정되어 한 곳에 집중하여 움직이지 않는 상태. 흔히 '정에 든다' 라고 한다.

정각【正覺】 : 정등각(正等覺)·등정각(等正覺)·정진각(正盡覺)이라고도 한다. 부처님이 되신 분을 정각이라 함.

정거천【淨居天】 : 원래 오정거천(五淨居天)이라 함. 범어 Śuddhāvāsa. 아나함이 태어나는 다섯 곳의 하늘, 즉 무번천(無煩天)·무열천(無熱天)·선현천(善現天)·선견천(善見天)·색구경천(色究竟天)으로 번뇌를 벗어난 분들이 나는 하늘 세계.

정반왕【淨飯王】 : 부처님의 아버님 존함.

정사【精舍】 : '수행하는 이들이 거주하는 집' 이란 뜻이니, 곧 지금의 절임.

정진【精進】 : 범어 vīrya. 여섯 가지 바라밀 가운데 하나.

제도【濟度】 : 나쁜 갈래를 벗어나 깨달음의 세계에 들게 됨.

제석천【帝釋天】 : 범어 Śakrā-devānām. 욕계 두 번째 하늘의 왕의 이름.

제석천궁【帝釋天宮】 : 도리천의 임금을 제석천왕이라 하고, 그의 궁을 제석천궁이라 한다. 도리천은 28층의 하늘 가운데 2층임.

제석천왕【帝釋天王】 → 제석천

제유【諸有】 → 3유 · 4유 · 9유 · 25유를 제유라 함. 하지만 여기서는 중생이란 뜻임.

제일의제【第一義諦】 : 불교의 궁극적 진리는 뜻이 오묘하여 제일의 뜻이란 의미로 쓰임 ↔ 속제

종성【種性】 : 범어 gotra의 한자 번역어.

1 출가나 재가를 따지지 않고 불법에 귀의하여 수행하여 도달했거나, 수행하는 이들의 성(姓)을 말한다. 성문성(聲聞姓) · 연각성(緣覺姓) · 보살성(菩薩姓)을 뜻함.

2 출신성분. 부처님 당시 있었던 네 가지 신분. ① 바라문 ② 찰제리 ③ 비사 ④ 수타라. 여기서는 ②번임.

좌선【坐禪】 : 좌는 '앉다', 선은 범어 '선나'의 줄임말의 복합어. 즉 '앉아서 고요히 생각한다'는 뜻. 지금 우리나라 선방에서 하는 좌선과는 큰 차이가 있다.

주문【呪文】 : 비밀스런 글. 즉 다라니인 진언을 일컫는 글을 말함.

죽림정사【竹林精舍】 : 범어 Veṇuvana의 역어. 부처님께서 성도하신 뒤 곧바로 귀의한 가란타 거사가 대숲을 기증하자, 마갈타 국왕 빔비사라 임금이 절을 지어 부처님께 시주한 불교 최초의 사원(寺院)으로 2대 가람의 하나.

중생【衆生】 : 범어 sattva의 한

문 번역어. 생존하는 모든 감정을 지닌 유(類)들을 말함. 부처님이 아닌 아직 부처가 되지 못한 보살까지 포함됨.

중음【中陰】: 범어 antarābhava의 역어. 중유(中有) 또는 중온(中蘊)이라고도 한다. 중생이 지금 몸을 버리고 다음 몸을 받는 중간에 존재하는 영혼의 몸. 중음신이라고도 함.

증득【證得】: 바른 지혜로서 진리를 깨달음. 부처님의 가르침에 따라 부처님이 되는 데 필요한 모든 내용을 다 깨달음.

지옥【地獄】: 범어 naraka. 살면서 나쁜 짓을 한 중생들이 죽어 태어나서 고통을 받으며 사는 곳.

진여【眞如】: 고대 인도어 tathāta를 한자로 번역한 말. 영원 불변하는 사물의 진실한 모습.

ㅊ

찬다알라: 사형집행 등 사람이 하기 싫은 일을 도맡아 하는 제일 천한 사람을 일컫는 말. 범어 caṇḍāla. 한자어로는 전다라(旃陀羅) 등으로 씀.

찬다카【車匿】: 부처님께서 출가하실 때 타고 가신 말의 마부 이름.

철위산【鐵圍山】: 범어 Cakravāḍa의 역어. 불교

에서 보는 사바세계의 생김새 가운데 제일 바깥에 있는 산으로 모든 산은 다이아몬드 같은 강한 물질로 되었고, 높이는 312유순이라 하며, 산록에는 빛이 닿지 않는다.

청신녀【淸信女】 → 범어 upāsikā. 우파샤카

청신사【淸信士】 → 우바새

초선【初禪】 → 네 가지 선정

축생【畜生】 : 범어 tiryagyoni. 지구상의 동물들 가운데 사람을 제외한 모든 동물을 불교에서 일컫는 말.

출가【出家】 : 범어 pravrajita. 집을 떠나 부처님의 승단에 들어 비구스님이 된 이들을 출가인이라 한다..

출세간【道】 : 세속(世俗)의 반대. 일체 나고 죽음의 법을 세간 법이라 하고, 열반을 성취하는 법을 출세간 법이라 한다.

친견【親見】 : '찾아뵙는다' 는 뜻. 즉 중생이 '불 · 보살을 찾아뵙는다' 는 말인데, 절에 모신 부처님이나 절에 계신 스님을 찾아뵙는 것입니다.

칠정【七情】 : 인간이 소유한 일곱가지 감정. ①즐거워 함 ②분노함 ③근심함 ④두려워함 ⑤사랑함 ⑥미워함 ⑦소유

하고 싶은 욕망.

ㅋ

카사파 : 범어 Kāśyapa. 부처님의 열 분 위대한 제자 가운데 두타행(頭陀行)을 제일 잘 했던 분. 한자어로 '가섭' 이라 하며, 부처님의 상수 제자로 법맥을 이으신 제 2조임.

카필라바스트 : 고대 인도어로 Kapilavastu. 즉 부처님 태어나신 곳을 말함. 지금의 Nepal-Taria지방이다. 한자로 迦毘羅衛. 사대성지 중 한 곳.

캐슈밀 : 범어 Kapiśa. 한자로 계빈(賓) 이라 가차함. 북인도에 있던 나라이름.

쾌사【快士】 :
범어 Pratyekabudda. 벽지불을 번역한 한자어.

크샤트리야【刹利】 : 고대 인도의 네 계급 가운데 둘째로 刹帝利임. 한문으로 王種이라 번역. 왕족 · 귀족 · 士족 즉 지배계급을 망라한 이름.

큰 법 : 부처님이 되는 법

큰 보살【大菩薩】 : 부처님이 되려는 마음을 내어 수행하는 이를 '보살' . 수행을 하여 어떤 일이 있어도 다시는 물러나지 않을 수 있는 경계에 들어선 이들을 '대보살' .

ㅌ

타화자재천【他化自在天】: 범어 Paranirmitavśavarti deva의 한자 가차. 욕계 6층의 하늘. 참조 → 욕계

ㅍ

파피야스【波旬】:
범어 pāpīyas의 한자 가차. 번역하여 마군(魔軍)이라 함. 욕계 6천의 마왕.

팔관재【八關齋】: 구체적으로 팔관재계(八關齋戒)라 함. 범어 aṣṭāṅgaśīla의 역어. 출가인이 아닌 불자가, 8일 15일 24일 30일(그믐날)에 24시간 동안 지키는 일곱 가지 계율과 한 가지 재법.

품【品】: 범어 varga의 번역. 문장의 단락을 구별하는 말. 예 : 제1장 제2장 등에서 '장' 에 해당하는 말로서 한 부분, 한 갈래 등의 뜻.

프라데카: pratyekabudda 한자어로 가차하여 벽지불(僻支佛) 연각(緣覺) 독각(獨覺)이라 번역함. 자연의 변화를 보고 무상함을 느껴 공부하여 깨달은 이.

프라세나지트:
범어 Prasenajit. 파사닉(波斯匿)은 가차. 부처님께서 세상에 계실 때 중인도 사위국의 임금으로서 부처님과 동갑이었다.

ㅎ

함이 없음【無爲】:
범어 asaṁskṛta의 한자 번역

어. 생사를 뛰어 넘기 위해 하는 수행 그 자체. ↔ 함이 있음.

함이 있음【有爲】: 범어 saṁskṛta의 한자 번역어. 나고 죽는 온갖 이치를 모두 말함. ↔ 무위(無爲), 조작하다, 만들어지다 등으로 번역됨. 즉, 인연으로 말미암아 만들어져 존재하는 모든 현상으로 이것은 반드시 생기고, 머물고, 파괴되고, 없어지는 불변의 이치가 있다.

항하수【恒水】: 범어 Gaṅgā의 한자어 번역. 히말라야에서 발원하여 뱅골만으로 흘러들어가는 강. 지금의 갠지스강을 말함. 한자로 항가(恒伽) · 강가(强伽) · 긍가(兢伽)라고 표기했음.

해탈【解脫】: 범어 vimokṣa의 한자 역어. 나고 죽음을 벗어남. 번뇌에서 벗어남.

화신【化身】: 범어 nirmāṇa-kāya의 한자 번역어. 부처님이나 보살이 교화하려는 대상의 중생에게 알맞는 몸을 나타낸 몸.

회향【廻向】: 내가 한 일의 공을 다른이에게 돌려 준다는 뜻. 지금은 끝낸다는 뜻으로도 사용됨.

불소행찬 下

1판 1쇄 발행 2010년 3월
1판 2쇄 발행 2011년 12월

역 자 나가 성타
펴낸곳 법보원
서울 중구 필동3가 25-1
전화 02-2275-4391 팩스 02-2272-0251

ISBN 978-89-92948-67-8 04220
ISBN 978-89-92948-66-1 (전 2권)